MARK LAUREN

mit Maggie Greenwood-Robinson

FIT OHNE GERÄTE

KRAFT STOFF

MARK LAUREN
mit Maggie Greenwood-Robinson

FIT OHNE GERÄTE

KRAFT STOFF

Die optimale Ernährung
für weniger Körperfett und mehr Muskeldefinition –
geeignet für Männer und Frauen

riva

Bibliografische Information der Deutschen Nationalbibliothek:
Die Deutsche Nationalbibliothek verzeichnet diese Publikation in der Deutschen Nationalbibliografie. Detaillierte bibliografische Daten sind im Internet über http://dnb.d-nb.de abrufbar.

Für Fragen und Anregungen:
info@rivaverlag.de

Wichtiger Hinweis
Sämtliche Inhalte dieses Buches wurden – auf Basis von Quellen, die die Autoren und der Verlag für vertrauenswürdig erachten – nach bestem Wissen und Gewissen recherchiert und sorgfältig geprüft. Trotzdem stellt dieses Buch keinen Ersatz für eine individuelle Fitnessberatung und medizinische Beratung dar. Wenn Sie medizinischen Rat einholen wollen, konsultieren Sie bitte einen qualifizierten Arzt. Der Verlag und die Autoren haften für keine nachteiligen Auswirkungen, die in einem direkten oder indirekten Zusammenhang mit den Informationen stehen, die in diesem Buch enthalten sind.

2. Auflage 2016

Nymphenburger Straße 86
D-80636 München
Tel.: 089 651285-0
Fax: 089 652096

Übersetzung: Max Limper
Redaktion: Dr. Doortje Cramer-Scharnagl
Umschlaggestaltung: Kristin Hoffmann
Umschlagabbildung: © Tim Moore, iStock.com, shutterstock.com
Satz: Daniel Förster, Belgern
Druck: CPI books GmbH, Leck
Printed in Germany

ISBN Print 978-3-86883-799-5
ISBN E-Book (PDF) 978-3-95971-074-9
ISBN E-Book (EPUB, Mobi) 978-3-95971-075-6

Inhalt

Einführung

Abnehmen mit dem richtigen Kraftstoff

Elf Jahre lang habe ich Hunderte von Rekruten auf die extremen Anforderungen der US-amerikanischen Spezialstreitkräfte vorbereitet. Die Rekruten mussten in Rekordzeit schlank und fit werden, da ihre Überlebens- und Erfolgsaussichten im Einsatz stark von ihrer körperlichen Fitness abhingen. In dieser Militärerfahrung als Trainer von Spezialeinheiten wurzelt meine Ernährungsphilosophie.

Mein Trainingsansatz für die Soldaten setzte auf Übungen, die nur das eigene Körpergewicht als Widerstand nutzten – womit sich jeder schicke, topmoderne Gerätepark erübrigte. Allein mit dem »Fitnessstudio« ihres eigenen Körpers entwickelten sie ihre Schnelligkeit, Beweglichkeit und Kraft. Diese Trainingsmethode war sicherlich härter und qualvoller als jedes Gerätetraining. Im Kampfeinsatz konnten diese Soldaten dann sprinten, springen, sich abrollen, schnell abstoppen und weiterrennen, die Richtung wechseln, sich ducken und aufspringen, sich unter Beschuss bewegen und andere wichtige Kampftechniken ausführen – alles in Sekundenbruchteilen. Denn Fitnessdefizite irgendwelcher Art hätten ihren Einsatz dramatisch gefährdet und sie zu einer Belastung für das ganze Team gemacht.

Um eine solche über Leben und Tod entscheidende Leistungsfähigkeit aufrechtzuerhalten, mussten meine Rekruten so essen, dass ihre Energie, Kraft und perfekte Konstitution stets gewährleistet waren. Die Ernährung durfte nicht außer Acht gelassen werden – ich musste eine Ernährungsform entwickeln und vermitteln, die genau diese Effekte hatte. Das Essen sollte vollwertig, natürlich und naturbelassen sein. Sieh es mal so: Wenn jemand einen Wetterschutz aus morschem Holz oder brüchigem Stein errichten würde, wäre dir klar, dass dem Bau die Stabilität fehlt – du würdest (und solltest!) nicht davon ausgehen, dass er einem Orkan standhält.

Das Gleiche gilt für die Ernährungsbausteine, die unseren Körper mit Nähr- und Kraftstoff versorgen. Zu diesen Bausteinen zählen fettarme Proteine, natürliche Kohlenhydrate, gesundes Fett, Vitamine, Mineralstoffe und Wasser – also eigentlich alles, was man zu sich nimmt, um einen starken, vitalen und fitten Körper aufzubauen.

Meiner Meinung nach sollte sich die »perfekte« Ernährung daher daran orientieren, was die Höhlenmenschen einst gegessen hatten, ergänzt um einige moderne Nahrungsquellen, um die Effekte des intensiven Trainings zu maximieren. Schließlich mussten meine Rekruten lange Zeitspannen hochintensiver Aktivität durchhalten: Die Anforderungen an ihre körperliche Fitness reichten oft an die urzeitlicher Jäger und Sammler heran oder übertrafen sie sogar. Um so viel wie irgend möglich aus meinen bisher schwächlichen, untrainierten Rekruten herauszuholen, musste ich einen leicht zu befolgenden, flexiblen Ernährungsplan mit natürlicher Vollwertkost und viel Proteinen entwickeln.

Wie meine beiden Fitnessbestseller *Fit ohne Geräte* und *Fit ohne Geräte für Frauen* wurde *Kraftstoff* quasi aus der Not heraus geboren – nämlich aus der Notwendigkeit, Menschen in Rekordzeit dauerhaft schlank und körperlich leistungsfähig zu machen.

Bei denen, die den Plan befolgten, war die Wirkung unübersehbar: Gespeichertes Körperfett verbrannte rasch. Der Energielevel schoss in die Höhe. Die Muskulatur wurde ausgeprägter und war klar definiert.

Es zeigte sich, dass Diät auch einfach sein kann, denn die richtigen Nahrungsmittel waren leicht zu merken – keine verwirrenden Sperenzchen, genau wie bei meinem superschlichten Trainingsprogramm. Es ist eine Diät, die man überall umsetzen kann, mit meinem Workout verhält es sich ja ebenso. Beide Systeme sind einfach und tauglich für unterwegs. Eben so, wie wir es in unser heutigen betriebsamen, durchgeplanten und mobilen Welt brauchen. Sie passen daher zu jeder Lebensweise, egal, ob ganz normaler Zivilist oder aber Rekrut, der alles geben muss, um eine der mental und physisch anspruchsvollsten Ausbildungen der Welt zu überstehen.

Dass ich bei der Entwicklung dieser Ernährungsform die Kraftstoffversorgung des Körpers unter extremem Training im Sinn hatte, heißt jedoch nicht, dass diese Ernährung auch extrem ist. Sie verbietet nichts. Kohlenhydrate sind erlaubt. Fett ist erlaubt. Alle möglichen Speisen sind erlaubt, die bei anderen Diäten verboten sind.

Trotz all dieser Freiheiten wirst du abnehmen, neue, muskulösere Körperkonturen entwickeln und deine Leistungsfähigkeit verbessern. Tag für Tag gewöhnst du deinen Körper mit dieser Diät daran, mehr Energie aus Depotfett zu beziehen, denn indem du die Qualität und Quantität der Kalorienzufuhr veränderst, heizt du die natürliche Fettverbrennung an.

Das Ergebnis ist ein definierter, wohlgeformter, athletischer Körper.

Die Nahrungsmittel dieses Plans sind *echter Kraftstoff*. Wie gesagt, kommen sie dem nahe, was unsere urzeitlichen Vorfahren aßen, darunter Fleisch, Fisch, Gemüse, Obst, Getreide, Nüsse und Samen – eine natürliche Diät, die es in sich hat und die optimal auf unser Erbgut abgestimmt ist. Vor Jahrmillionen gehörten die Menschen, die diese Nahrungsmittel aßen und sich damit für die körperlichen Herausforderungen ihres Alltags stärkten, zu den Fittesten ihrer Art: zu den Überlebenden. Nur dadurch, dass wir vollwertige Lebensmittel in möglichst naturbelassenem Zustand essen, können wir unsere Bestform erreichen – innerlich und äußerlich.

Essen ist Kraftstoff

Ich habe nicht nur Elitesoldaten trainiert, sondern auch Zivilisten – viele von ihnen persönlich, außerdem Hunderttausende auf der ganzen Welt durch meine Bücher, DVDs und Online-Angebote. Ihre Konstitution ist für diese Menschen zwar nicht überlebenswichtig, so wie bei den Soldaten, aber sie möchten dennoch in Topform sein. Was man von ihnen hört, hat stets den gleichen Tenor. Ihre langfristige Beziehung zu ihrem Körperfett sieht so aus: Sie wollen es loswerden, es möchte aber unbedingt bei ihnen bleiben. Sein Benehmen lässt sich am besten mit den Worten eigensinnig, störrisch und anhänglich beschreiben. Vermutlich kämpfst auch du diesen Kampf. Das ist der Grund, warum laut WHO heute fast 70 Prozent aller Europäer und Amerikaner übergewichtig oder gar fettleibig sind – wobei diese Quoten in der Nähe von All-you-can-eat-Büfetts noch größer sein dürften.

Heutzutage rechtfertigen viele Leute ihr Gewichtsproblem mit einem Verweis auf ihre Gene. Das klingt vielleicht zunächst einmal einleuchtend. Allerdings mag ich nicht glauben, dass die Erbanlagen an allem schuld sind, denn schließlich haben wir heute praktisch die gleichen Gene wie unsere schlankeren, fitteren Groß- und Urgroßeltern. Was sich tatsächlich verändert hat, ist unsere Lebensweise – mehr Faulenzerei und »Junk Food«, weniger Bewegung durch Sport und Alltagsaktivitäten. Wenn du wegen deines Gewichts frustriert bist, dann gib nicht deinen Genen die Schuld. Lass nicht zu, dass du immer dicker wirst. Tu etwas dagegen. Ich helfe dir.

Das Allererste, was du tun kannst – und zwar in diesem Augenblick! –, ist, deine Einstellung zum Essen zu ändern. Betrachte Essen als Kraftstoff. Was du isst, sollte dich stärker machen. Der Hauptzweck des Essens besteht darin, dich zu nähren und dich nachhaltig mit der nötigen Energie für die Herausforderungen deines Alltags zu versorgen. Ehrlich gesagt, mag ich Brathähnchen und süßen Apfelkuchen genauso gern wie jeder andere, aber eine gedünstete Hähnchenbrust und ein knackiger Apfel machen mich ebenso satt. Der Unterschied ist: Letztere machen mich auch stark und gesund, denn sie kommen ohne den Fett- und Zuckerzusatz der weniger gesunden Zubereitungen aus.

Mit dem richtigen Kraftstoff wird sich nicht nur dein Aussehen verbessern, sondern auch deine Lust am Sex, deine Haut, deine Stimmung, dein Energie- und Stresslevel, deine geistige und körperliche Leistungsfähigkeit und dein allgemeiner Gesundheitszustand. Jede Zelle deines Körpers reagiert darauf, wie du dich mit Kraftstoff versorgst.

Wenn du dir erst die Einstellung »Essen ist Kraftstoff« zu eigen gemacht haben und nach diesem Motto lebst, werden die Auswirkungen dich schlicht umhauen. Du wirst feststellen, dass du alles erreichen kannst!

Demnächst in diesem Kino ...

Wie in einem Filmtrailer, der die besten Szenen hintereinander weg zeigt – *zisch, rumms, zack* –, folgt jetzt eine Vorschau auf das, was *Kraftstoff* dir zu bieten hat.

Die richtige Kraftstoffzufuhr nach meinem Plan setzt voraus, dass du Kohlenhydrate nach wichtigen Kriterien unterscheiden kannst. Ich unterteile sie in »schnelle Kohlenhydrate« und »langsame Kohlenhydrate«, je nach ihrer Wirkung auf Blutzuckerspiegel, Energielevel und Fettverbrennung. Du musst wissen, wann du schnelle und wann langsame Kohlenhydrate einsetzt und wie du sie mit Protein- und Fettkraftstoffen kombinierst. Denn nur dann erzielst du optimale Ergebnisse, verlierst Woche für Woche Kilos und Zentimeter und bleibst dabei körperlich leistungsfähig. In Kapitel 1 und 2 erfährst du alles, was du über diese wichtigen Nahrungsbausteine wissen musst.

Sobald du die Grundlagen deiner Kraftstoffversorgung verstanden hast, kannst du mit dem Essen beginnen. In Kapitel 3 erläutere ich meinen neuartigen Ansatz der Ernährungsplanung nach *Kalorienzyklen*. Das bedeutet, dass du hin und wieder für ein oder zwei Wochen deine Kalorienaufnahme herunterfährst, indem du weniger schnelle Kohlenhydrate isst. Kalorienzyklen sind die »Geheimwaffe« von *Kraftstoff*. Mit ihnen heizt du deinen Stoffwechsel an – und zwar auf Dauer. Wenn du dieses dreigliedrige Prinzip der Ernährungsplanung erst einmal verinnerlicht hast, bist du für immer gegen Plateauphasen und Blockaden beim Abnehmen gewappnet. Indem du deine Kalorienaufnahme regulierst, fachst du deinen Stoffwechsel immer wieder an. Das führt auf natürliche Weise zu mehr fester Muskulatur und weniger unansehnlichem Speck, als eine wochenlange Diät auf gleichbleibendem Kalorienniveau jemals schaffen kann. Dir wird es wie den meisten Menschen gehen, die ich trainiere und berate; du wirst begeistert davon sein, dass du mit dem Wissen um die Wirkung von schnellen Kohlenhydraten auf Konstitution und Leistungsfähigkeit den Plan *deinen* Bedürfnissen anpassen und immer wieder verändern kannst. Ich erkläre dir, wie es geht.

Die Kraftstoff-Ernährung besteht aus drei *Blöcken*, die sich in ihrer Kalorien- und Kohlenhydratmenge unterscheiden. Die Methode ist einfach zu merken und absolut alltagstauglich, aber das Wichtigste ist, dass du dir die Kalorienzyklen auf den Leib schneidern und unbegrenzt wiederholen kannst. Du kannst dich auf diese Weise ein Leben lang ernähren. Der Stoffwechsel gewöhnt sich nicht an die immer gleichen Essmuster – denn genau das führt zu Plateaus oder Blockaden. Er wird stattdessen immer wieder hinters Licht geführt und zur dauerhaften und effektiven Fettverbrennung gebracht. So bleibst du auch dann schlank und stark, wenn du dein Abnehmziel oder deine Wunschkleidergröße erreicht hast. Auch wenn es die gleichen Blöcke sind, die sich wiederholen: Der Körper reagiert auf den Wechsel jedes Mal überrascht.

Der erste Block ist die lockerste Phase des Plans und netterweise auch die längste: Sie dauert drei Wochen (oder länger, wenn du damit gut vorankommst) und heißt deshalb 3er-Block. Du darfst viele deiner geliebten schnellen Kohlenhydrate essen, bei jeder Hauptmahlzeit und einem Snack je eine Portion, also insgesamt viermal am Tag. Brot, Nudeln, Kartoffeln, Reis und Obst. Unglaublich, oder? Keine Sorge: Auch mit diesen Lebensmitteln kannst du so richtig abnehmen. Und das wird sich nicht einmal wie eine Diät anfühlen. Ein Traum wird wahr: endlich ordentlich essen dürfen! Das ist nämlich – im richtigen Maß – für den Aufbau eines athletischen Körpers, der viel Fett verbrennt, absolut notwendig.

Nach diesen drei oder mehr Wochen wirst du schon spürbar energiegeladener und schlanker sein. Auf der Waage wird sich ein deutlicher Gewichtsverlust zeigen. Im Spiegel wirst du ein fitteres Selbst sehen. Deine Kleidung wird besser sitzen; vielleicht musst du sogar zu einer kleineren Konfektionsgröße übergehen. Und du wirst mehr Energie verspüren, alles als Folge einer realistischen, tragfähigen und dennoch entscheidenden Ernährungsumstellung.

Als Nächstes kommt der 2er-Block, welcher – erraten! – zwei Wochen dauert. Während dieses Blocks isst du weitgehend das Gleiche, nur mit einem Unterschied: Du reduzierst die Kalorienzahl bis auf zwei schnelle Kohlenhydratportionen am Tag. Mit diesem Schritt leitest du den bereits angesprochenen Kalorienzyklus ein. Insgesamt ist der 2er-Block nicht ganz so großzügig wie der 3er, was die Speisen betrifft, aber du bleibst dabei im Fettverbrennungsmodus, sodass du deinem Wunschgewicht weiter näherkommst.

Der 1er-Block dauert eine Woche und ist die strengste Phase. Aber denk daran: Nur eine Woche, dann bist du wieder im 3er-Block und kannst großzügiger essen. Im 1er-Block reduzierst du den Konsum von schnellem Kraftstoff auf eine Portion pro Tag. Keine Panik: Man kann alles durchstehen, wenn es nur sieben Tage dauert. Du wirst staunen, wie mühelos diese Woche vorbeifliegt. Dein bereits erreichter Gewichtsverlust wird dich dazu motivieren, beim Essen konsequent zu bleiben, und die Extrakohlenhydrate wirst du überhaupt nicht vermissen. Auch wenn dir der 1er-Block leichtfällt, ist es wichtig, danach wieder zum 3er-Block zu wechseln, besonders wenn du sportlich sehr aktiv bist.

Ich will nicht jetzt schon den ganzen Ernährungsplan verraten. Aber ich muss doch betonen, dass das Befolgen dieser Blöcke entscheidend ist, um Aussehen und Wohlbefinden durch richtige Ernährung zu optimieren. Es wird dir gefallen, nach Plan zu essen, weil du deine Ernährungsweise immer wieder änderst und durch die Regulierung der Nahrungsaufnahme die gewünschten Erfolge erzielst. Langweilig wird unsere gemeinsame Zeit nicht werden! Du wirst dich nie am Kopf kratzen und dich fragen, was du essen sollst, weil ich dir alles genau erkläre. Und mit der Zeit wächst dein eigenes Wissen darüber, was du wann essen musst. Kaum hast du dich versehen, und schon ist dir diese Ernährungsweise in Fleisch und Blut übergegangen. Dies ist der Ernährungsplan, den du dein Leben lang benutzen wirst.

Ein ausfallsicherer Plan

Beim US-Militär beschreibt man eine Operation, die so automatisiert ist, dass Störungen nicht zum Komplettausfall führen, mit dem Begriff *fail-safe*, »ausfallsicher«. Genau dieses Konzept bietet der Kraftstoff-Plan. Die meisten Diäten scheitern daran, dass sie zu extrem und damit einfach nicht alltagstauglich sind. Wenn man beispielsweise eine Diät macht, die bestimmte Lebensmittel – etwa Nudeln – ausschließt und dann in ein italienisches Restaurant geht, kann man die beliebtesten (und wahrscheinlich am besten zubereiteten) Speisen vergessen, und das ist frustrierend. Ein Frust kommt zum anderen, und ehe man sich's versieht, isst man nicht nur Nudeln, sondern auch alle anderen verbotenen Dinge. Wenn man die Nahrungsauswahl zu streng einschränkt, sind Fressattacken mit den eigentlich ausgeschlossenen Lebensmitteln vorprogrammiert. Der Speck kommt wieder – und zwar mit Zinsen.

Essensentzug ist das Allerletzte, was einem beim Abnehmen hilft. Der Schuss geht nämlich auch psychologisch nach hinten los, weil auf die Fressattacke mit der »verbotenen Frucht« ein schlechtes Gewissen folgt. Das schadet nur dem Seelenleben, senkt das Selbstwertgefühl und erschüttert womöglich sogar das Vertrauen darauf, dass man es überhaupt schaffen kann – kurz: ein echt harter Schlag. Aber du machst es besser! Da du weißt, dass du beim Kraftstoff-Plan aus einer breiten Palette an Nahrungsmitteln – ein wichtiges Merkmal einer ausfallsicheren Diät – wählen kannst, musst du dich nicht mit Essensverboten und dem miesen Gefühl fehlender Selbstdisziplin herumschlagen.

Viele Diäten scheitern auch, weil sie Hungergefühle verursachen; sie lassen einen einfach nicht *genug* essen oder verbannen irgendeinen wichtigen Bestandteil gesunder Ernährung. Bei der großen Auswahl an Nahrungsmitteln und Essenskombinationen ist es mit dem Kraftstoff-Programm sehr unwahrscheinlich, dass du Hunger bekommst. Eher wirst du dich energiegeladen fühlen. Auch unangenehme Stimmungsumschwünge sind nicht zu befürchten, da du deinen Blutzuckerspiegel stabil halten und dich mit *allen* nötigen Nährstoffen versorgen wirst.

Extremdiäten sind nicht nur nachweislich zum Scheitern verurteilt, sondern verlangsamen auch den Stoffwechsel. Das erschwert den Fettabbau und fördert letztlich eher die Gewichts*zunahme*. Ein träger Stoffwechsel kann sogar langfristig das Schlankbleiben schwierig werden lassen. Das heißt, selbst wenn diese Diäten zunächst funktionieren, ist es äußerst unwahrscheinlich, dass sie auf lange Sicht Erfolge bringen, da mit zunehmender Fitness die Fehlerspielraum sinkt – dann wird es notwendig, die Diät (und das Trainingsprogramm) anzupassen, damit weitere Fortschritte möglich werden. Anders gesagt, jede restriktive Diät funktioniert am Anfang; die wahre Tauglichkeit einer Diät zeigt sich aber erst daran, ob sie einen nach den ersten Monaten auch noch weiterbringt. Auf lange Sicht braucht man einen flexiblen Plan.

Noch ein Trailer

Der Kraftstoff-Plan ist mit seinen einprägsamen Wahlmöglichkeiten und Kombinationen an Lebensmitteln eine hocheffektive Methode zum Fettabbau und Muskelaufbau – wenn er durch Training ergänzt wird. Ja, jetzt habe ich das T-Wort gesagt. Wenn du mit *Fit ohne Geräte* oder *Fit ohne Geräte für Frauen* vertraut bist, wird dir dieses Wort keinen Schrecken einjagen; gut möglich, dass du bereits Körpergewichtstraining praktizierst. Falls nicht, dann lass es mich erläutern.

Mein Argument ist schlicht und wissenschaftlich erwiesen: Wir müssen uns ausreichend bewegen, damit die verzehrten Kalorien zur Steigerung körperlicher Fitness und für die Bildung von Muskelgewebe eingesetzt und nicht in Form von Fett für spätere Anstrengungen gespeichert werden. Krafttraining wirkt im Körper Wunder, davon hast du sicherlich schon hunderttausendmal gehört: Es verbraucht Kalorien, baut Muskulatur auf, verbrennt ungenutzte Fettreserven und bringt den Stoffwechsel auf Trab.

Aber es gibt noch etwas, was du vielleicht noch nicht weißt: Regelmäßiges Training verändert die Essgewohnheiten positiv. Wer regelmäßig trainiert, hat weniger Hungergefühle, isst mehr Gemüse und futtert sich eher nicht mit Fettmachern satt. Warum das so ist? Training stabilisiert den Blutzuckerspiegel und verhindert dadurch Stimmungsschwankungen und Fressattacken. Außerdem regt es die Ausschüttung von Endorphinen an. Das sind natürliche Botenstoffe, die deinem Gehirn lauter Glücksbotschaften vermitteln. Dabei entsteht das gleiche natürliche High, das man auch nach dem Essen bestimmter Nahrungsmittel wie dunkler Schokolade hat. Noch Stunden nach dem Training kann dieser Endorphinrausch also die essbedingten Endorphine vertreten. Richtig essen und regelmäßig trainieren sind daher so untrennbar wie Tom & Jerry ... na gut, vielleicht kein so toller Vergleich, aber du weißt, was ich meine!

Da Training für Gewichtsabnahme und Gesundheit unverzichtbar ist, ist in diesem Buch auch ein Kraftstoff-Workout enthalten, ein brandneues Trainingsprogramm, das für alle, die mit Körpergewichtsübungen noch nicht vertraut sind, ein idealer Einstieg ist. Das Workout ist dazu gedacht, deinen Stoffwechsel in Gang zu bringen, deine Kraft zu steigern und über die ersten Monate hinweg allgemein die sportliche Leistungsfähigkeit aufzubauen.

Keine Sorge: Du musst nicht schnaufend und keuchend die Kommandos eines Militärdrills befolgen, wie ich es als junger, aufstrebender Rekrut bei den Spezialeinheiten tun musste. Das Kraftstoff-Workout dauert nicht länger als zehn Minuten, und du musst ihn nur dreimal in der Woche absolvieren (oder öfter, wenn du möchtest).

Immer wenn man mit einem effektiven Trainingsprogramm beginnt (sich also einer Belastungsart aussetzt), ist nur ein geringer Trainingsreiz nötig, um die Überkompensation anzuregen und Muskelwachstum zu erzeugen. Daher reichen bei untrainierten Menschen zehn Übungsminuten. Um dauerhaft Fortschritte zu machen, müssen Diät- und Trainingsprogramm aber verändert und angepasst werden, da man sich ja auch verändert und stärker und definierter wird.

Deshalb solltest du nach ein paar Monaten eines der Trainingsprogramme aus meinen vorigen Büchern aufnehmen. *Fit ohne Geräte* ist ein tolles Programm, um erst einmal ganz allgemein fit zu werden, aber wenn du so weit bist, findest du darin auch ein Workout für Fortgeschrittene. *Fit ohne Geräte für Frauen* entwickelt mit stufenweise gesteigerten Körpergewichtsübungen eine Kraftbasis und damit eine Grundfitness. Dieses Buch habe ich im Hinblick auf den weiblichen Körper geschrieben, aber es ist für beiderlei Geschlechter sehr hilfreich.

Wie schon gesagt, brauchst du für meine Workouts keine tollen Geräte, beeindruckenden Maschinen und auch keine merkwürdigen Apparaturen zum Drücken und Ziehen. Du benutzt das beste Trainingsgerät, das je erfunden wurde: deinen Körper. Mit dem Widerstand deines eigenen Körpers entwickelst du mehr Kraft, Energie, muskuläre und kardiovaskuläre Ausdauer, Straffung und Muskeldefinition, als du es für möglich hältst. Meine Workouts können überall und jederzeit durchgeführt werden, ohne Kosten für Ausrüstung oder Fitnessstudio-Mitgliedschaft. Wer bereits Sport treibt, vielleicht sogar Krafttraining macht, wird diese Workouts als wertvolle Ergänzung schätzen lernen, da sie überall und jederzeit absolviert werden können. Die Übungen eignen sich für jedermann, egal, welchen Fitnesslevels. Es dauert vielleicht ein paar Wochen, bis sich positive Veränderungen an der Taille und anderen Körperregionen zeigen, aber du wirst von Anfang an wacher und energiegeladener sein und das gute Gefühl haben, Verantwortung für deinen Körper übernommen zu haben. Zusammen mit dem Ernährungsplan bringt dich das in diesem Buch beschriebene Bodyweight-Training deinem Traumkörper immer näher.

Ich glaube, dass man seine Lebensweise wirklich ändern muss, wenn man abnehmen und das neue Gewicht halten will. Aber keine Angst: Ich verlange nicht von dir, dass du dein ganzes Leben auf den Kopf stellst und alles aufgibst, was dir lieb ist. Ganz im Gegenteil. Ich gebe dir einen einfachen, klaren und umsetzbaren Plan. Du wirst eine völlig neue Sichtweise aufs Essen und vor allem eine Riesenmotivation für deinen Weg durch diese lebens- und körperverbessernde Zeit bekommen.

So ... die Vorschau ist um. Jetzt beginnt der Hauptfilm.

1. TEIL

Was man für einen fitten, schlanken Körper wissen muss

1. Kapitel

Kohlenhydrate: schneller und langsamer Kraftstoff

Als Low-Carb der letzte Schrei war, konnte man keine Scheibe Brot essen, ohne sich wie ein Schwerverbrecher zu fühlen. Ich weiß nicht, wie es dir geht, aber ich bin froh, dass diese Zeit langsam zu Ende geht. Es gibt eine Zeit und einen Ort für Kohlenhydrate jeder Art, und deshalb halte ich nichts davon, sie in gute und schlechte Kohlenhydrate einzuteilen.

Ich rede lieber von schnellen und langsamen Kohlenhydraten – abhängig von der Geschwindigkeit, mit der unser Körper sie aufnimmt. Entsprechend gibt es bei mir auch »schnelles« und »langsames« Gemüse. Obst und Getreide hingegen sind grundsätzlich schnell. Diese wichtige Unterscheidung möchte ich jetzt erläutern.

Alle Kohlenhydrate müssen in Glukose, eine Zuckerart, umgewandelt werden, bevor sie vom Blut aufgenommen werden. Kohlenhydrate werden entweder langsam oder schnell umgewandelt und vom Blut absorbiert. Diese Absorptionsrate führt zu einer entsprechend starken Ausschüttung des Hormons Insulin, das den Zuckergehalt im Blut reguliert. Wenn wir rasch absorbierbare schnelle Kohlenhydrate wie Süßigkeiten, Limonade oder Fruchtsaft konsumieren, wird der Blutzuckerspiegel durch einen plötzlichen Insulinanstieg wieder gesenkt, und die Kohlenhydrate werden als Fett eingelagert. Wir werden dadurch müde und gieren nach mehr Essen, um unseren normalen Blutzuckerspiegel wiederherzustellen. Zu diesem Regelfall gibt es aber auch eine positive Ausnahme: Die Zufuhr schneller Kohlenhydrate während oder nach intensivem Training versorgt die erschöpften Muskeln mit Energie und unterstützt ihre Regeneration.

Langsame Kohlenhydrate werden dagegen langsamer umgewandelt und aufgenommen. Sie lösen die dick machende Insulinreaktion nicht aus. Langsame Kohlenhydrate enthalten auch generell mehr fettverbrennende Ballaststoffe und haben viel mehr Vitamine und Mineralien als schnelle Kohlenhydrate.

Glykämischer Index und glykämische Last

Woher weiß man, welche Kohlenhydrate schnell und welche langsam sind?

Als Richtgröße benutze ich gerne die *glykämische Last*, kurz GL. GL ist eine Messskala für Kohlenhydrate, die zwei Dinge berücksichtigt: den Kohlenhydrat*gehalt* eines Lebensmittels, sagen wir von einer Banane oder 100 Gramm Reis, und die *Geschwindigkeit*, mit der seine Kohlenhydrate vom Blut absorbiert werden.

Du magst dich jetzt fragen: »Ist die glykämische Last dasselbe wie der glykämische Index?« Nein – aber sie beziehen sich aufeinander. Wie die GL zeigt der *glykämische Index* oder GI an, wie schnell 50 Gramm Kohlenhydrate in Blutzucker umgewandelt werden. Allerdings berücksichtigt der GI nicht, wie viel Kohlenhydrate eine bestimmte Menge eines Lebensmittels enthält – also die Menge, die man tatsächlich isst.

Wenn eine bestimmte Kohlenhydratquelle einen hohen GI hat, heißt das nicht unbedingt, dass eine Portion davon den Blutzuckerspiegel so in die Höhe treibt, wie es der Index vermuten lässt. Denn manche Lebensmittel mit schnell absorbierten Kohlenhydraten enthalten, absolut gesehen, gar nicht so viel davon.

Zwei Beispiele: Die Wassermelone steht mit einem GI von 72 weit oben auf der GI-Skala, hat aber eine niedrige GL von 7,21. Der hohe GI-Wert bezieht sich auf 750 Gramm Wassermelone (die es braucht, um 50 Gramm »Wassermelonen-Kohlenhydrate« zu messen), nicht auf eine übliche 150-Gramm-Portion. Die niedrige GL deutet darauf hin, dass 150 Gramm Wassermelone nicht viel Kohlenhydrate enthalten, was am sehr hohen Wasseranteil liegt. Eine Portion Wassermelone pusht daher den Blutzucker gar nicht so sehr, wie der glykämische Index vermuten lässt.

Karotten sind auch so ein Beispiel. Karotten haben einen hohen GI von 121, da müsste doch eigentlich der Blutzuckerspiegel richtig Gas geben, oder? Falsch. Der hohe GI bezieht sich auf 700 Gramm Karotten! Das ist keine normale Portion. Also wirklich, wer knabbert denn so viele Möhren auf einmal weg? Die GL für eine typische Portion Karotten (1 Karotte) beträgt nur 6,5. Solange man also nicht bergeweise Möhren futtert, wird der Verzehr von Karotten den Blutzuckerspiegel nicht aus dem Gleis bringen.

Wie du siehst, ist die glykämische Last der beste Indikator dafür, was ein bestimmtes Lebensmittel mit deinem Blutzucker anstellt. Je niedriger die GL, desto besser eignet es sich zur Gewichtsabnehme und Gesunderhaltung.

Schnell oder langsam – niedrige und hohe glykämische Last

Du musst die glykämische Last von Lebensmitteln nicht auswendig lernen. Das habe ich dir abgenommen, indem ich alle kohlenhydratreichen Lebensmittel in zwei GL-Kategorien eingeteilt habe:

- *Langsame Kohlenhydrate:* Kohlenhydrate mit niedriger glykämischer Last gelten als »langsam«. Sie werden nicht so schnell verdaut und geben daher weniger Energie, dafür über einen längeren Zeitraum ab. Sie bewirken keinen enormen Anstieg des Insulinspiegels – ein Effekt, der zu Fetteinlagerung oder nach intensivem Training zu Muskelaufbau führt. Langsame Kohlenhydrate haben einen GL-Wert zwischen 1 und 6. In diese Kategorie fallen alle niedrigkalorischen, ballaststoffreichen Gemüsesorten wie Blattgemüse, Salat, Brokkoli, Blumenkohl, grüne Bohnen, Zucchini und so weiter. Sie können zu jeder Zeit vollkommen hemmungslos gegessen werden.
- *Schnelle Kohlenhydrate:* Alles, was es sonst an Kohlenhydraten gibt – mit einer GL von 7 oder mehr –, gilt als schnelles Kohlenhydrat.

Die Insulinreaktion ist hierbei stärker, und die Kalorien werden schneller verdaut und aufgenommen. Beispiele für Kohlenhydratquellen mit hoher GL sind Getreideprodukte, Kartoffeln, Reis, Obst, Obstsaft, Sportgetränke und Limonade. Schnelle Kohlenhydrate müssen mit Vorsicht gewählt und zur richtigen Zeit verzehrt werden. Ich zeige dir, welches die beste Wahl ist und wann du sie idealerweise zu dir nimmst.

Insulin für Anfänger

Alle Kohlenhydrate haben einen unterschiedlichen Effekt auf das Hormon Insulin. In diesem Buch komme ich oft auf Insulin zu sprechen, daher möchte ich jetzt einen kleinen Ausflug machen und dir alles Wissenswerte darüber vermitteln. Wenn du fit werden willst, kann das Insulin dein bester Freund sein – oder dein schlimmster Feind.

Die Hauptaufgabe des Insulins besteht darin, deinen Zellen (auch den Muskelzellen) Glukose zuzuführen, damit sie dort in Energie umgewandelt wird. Es handelt sich also um ein *anaboles* Hormon, da es den Aufbau von Muskelmasse bewirkt. Aber es hat auch eine fiese Seite: Es trägt zur Einlagerung von Körperfett bei. Die Sache ist die, dass man den Insulinspiegel zum Muskelaufbau erhöhen, zum Fettabbau jedoch absenken muss. Das klingt verrückt und widersprüchlich, deshalb muss ich weiter ausholen.

Nach dem Verzehr von Kohlenhydraten und/oder Proteinen schüttet die Bauchspeicheldrüse Insulin aus. Das Hormon tritt in den Blutkreislauf ein und gelangt in verschiedene Körpergewebe, also auch in die Muskeln. Die Muskelzellen sind an ihrer Außenwand mit Insulinrezeptoren bestückt, die wie Türschlösser funktionieren. Sobald das Insulin den »Schlüssel« einsteckt, öffnet die Muskelzelle ihre »Tür«, um Glukose und Aminosäuren hereinzulassen. Durch das Insulin im Muskel werden auch noch andere biochemische Reaktionen ausgelöst, die den Aufbau von Muskelgewebe bewirken. Insulin hat also eine Schutzfunktion: Es schützt vor Muskelabbau.

Wenn nun Insulin so wichtig für die Entwicklung von Muskelmasse ist, wie kann es dann Nachteile haben? Antwort: Wenn man *zu viele* Kohlenhydrate isst, wird *zu viel* Insulin ausgeschüttet. Die Insulinschwemme führt dann zu einem Anstieg der für die Fetteinlagerung zuständigen Enzyme. Diese Situation verhindert, dass der Körper Fett verbrennt, und steigert auch noch den Appetit.

Da Insulin also positive und negative Wirkungen hat, muss man den Insulinspiegel im Griff behalten, um Muskelmasse auf- *und* Fettdepots abzubauen. Mit den folgenden vier Richtlinien regulierst du deinen Insulinspiegel optimal.

1. Achte auf die glykämische Last

Kohlenhydrate können bei der Insulinregulierung hilfreich oder hinderlich sein. Schnelle Kohlenhydrate lösen einen schnellen Blutzuckeranstieg aus, was wiederum die Insulinausschüttung anregt. Falls du übergewichtig oder fettleibig bist, solltest du das vermeiden. Durch den Kraftstoff-Plan lernst du, wann und wie du langsame und schnelle Kohlenhydrate isst, um die Insulinreaktion des Körpers besser zu regulieren. Eine Liste mit schnellen Kohlenhydraten findest du auf Seite 42.

2. Wähle zur Gewichtsreduktion hauptsächlich Kohlenhydrate mit niedriger GL

Zu den meisten täglichen Mahlzeiten sollten langsame Kohlenhydrate gehören. Diese Kohlenhydrate treten nur nach und nach in den Blutkreislauf ein und verbringen mehr Zeit im Verdauungssystem. Dadurch bleibt der Insulinspiegel niedrig. Eine lange Liste mit erlaubten langsamen Kohlenhydraten findest du auf Seite 40.

Langsame Kohlenhydrate enthalten auch weniger Kalorien und mehr Ballaststoffe – nützliche Eigenschaften beim Kampf gegen Übergewicht. Mit langsamen Kohlenhydraten kannst du dich satt essen, da ihr Kaloriengehalt kaum ins Gewicht fällt. Du bleibst länger satt und kannst der Versuchung durch leckere Fettmacher widerstehen. Die Ballaststoffe in langsamen Kohlenhydraten sind übrigens eine regelrechte Waffe gegen Fettleibigkeit. Je unverarbeiteter und natürlicher ein Lebensmittel ist (und das sind langsame Kohlenhydrate!), desto weniger Kalorien und Fett absorbiert der Körper daraus. Ballaststoffe machen auch satt und schützen vor Fressattacken.

3. Iss zum richtigen Zeitpunkt schnelle Kohlenhydrate

Es gibt zwei Tageszeiten, zu denen schnelle Kohlenhydrate hilfreich sind. Der erste Zeitpunkt ist nach dem Aufwachen. Im Schlaf hat man sechs bis acht Stunden gefastet. Diese nächtliche Fastenzeit erschöpft den Vorrat an Glykogen – dem Kohlenhydrat, das in den Muskeln und in der Leber gespeichert ist. Wenn man das Fasten nicht bricht, greift der Körper auf Muskelgewebe als Kraftstoff zurück. Keine gute Idee, wenn man an Muskeln zulegen und Fett verbrennen will. Mit dem Verzehr schneller Kohlenhydrate gleich nach dem Aufwachen tritt man quasi aufs Insulinpedal und füllt den Glykogentank schnell wieder auf, sodass der mögliche Zugriff auf das Muskelgewebe ausfällt. Ich zeige dir, wie und wann du das so bewerkstelligst, dass die Wirkung optimal ist.

Der zweite Zeitpunkt für die Einnahme schneller Kohlenhydrate liegt etwa eine halbe bis Dreiviertelstunde nach dem Workout. Wenn du aktiv bist und hart trainierst, ist es in Ordnung – ja sogar ratsam –, auch schnelle Kohlenhydrate zu essen, *besonders wenn du an Kraft und Muskelmasse zulegen möchtest.*

Schnelle Kohlenhydrate füllen den Glykogenspeicher nach dem Training rasch wieder auf, und zwar aus drei Gründen. Erstens ist der Blutkreislauf angeregt, sodass die Kohlenhydrate rasch in den Organismus geraten. Zweitens sind Muskeln und Leber dann empfänglicher gegenüber Insulin, was die Glykogenversorgung der Muskeln durch das Insulin erleichtert. Drittens sind andere an der Muskelbildung und -regeneration beteiligte Enzyme und Hormone nach dem Training auf dem Höchststand. Wenn man die Einnahme verschiebt – etwa um zwei Stunden oder mehr –, fallen die Blutwerte dieser Hormone und Enzyme um fast zwei Drittel ab, und danach fallen sie noch weiter, während der Körper vom anabolen (Muskelaufbau) in den katabolen Zustand (Muskelabbau zur Energiegewinnung) umschaltet. Deshalb solltest du dieses Zeitfenster mit einem günstigen Stoffwechselzustand nicht verpassen. Zum Auftanken nach dem Training eignen sich beispielsweise Vollkornreis, Vollkornbrot, Nudeln, Kartoffeln und Smoothies.

4. Versorge dich nach dem Training mit Proteinen

Am besten kombiniert man den schnellen Kohlenhydrat-Kraftstoff nach dem Training mit Proteinen. Warum Proteine?

Während schnelle Kohlenhydrate nach dem Training Kraft spenden, sind Proteine wie Handwerker, die vorbeikommen und den Schaden mithilfe von Aminosäuren reparieren. Aminosäuren tragen zur Muskelregeneration und zur körperlichen Erholung bei. Durch das Hinzufügen von

Proteinen zu deinem Snack, deiner Mahlzeit oder deinem Shake nach dem Workout werden diese Prozesse eher angestoßen, als es bei alleiniger Kohlenhydrataufnahme der Fall ist.

Während des halb- bis dreiviertelstündigen Zeitfensters nach dem Training ist die Proteinsynthese im Körper am effizientesten. Das liegt am trainingsbedingten Mikrotrauma (winzigen Muskelfaserrissen). Zu diesem Zeitpunkt brauchen die Muskeln dringend Proteine für Reparaturprozesse. Der Regenerationsvorgang lässt sich optimieren, indem man die Muskeln gleich nach dem Training mit Aminosäuren versorgt (aus denen die Proteine aufgebaut sind) und dazu einen Nährstoffträger verwendet. Die Kombination von Proteinen und Kohlenhydraten schafft nach dem Training außerdem ein hormonelles Milieu, das Muskelwachstum und -entwicklung begünstigt (und überhaupt ermöglicht). Mehr zur Proteinauswahl im 2. Kapitel.

Kraftstoff-Qualität

Neben hochwertigen Proteinquellen umfasst die Kraftstoff-Ernährungsweise eine Mischung aus schnellen und langsamen Kohlenhydraten. Du wirst lernen, je nach Zeitpunkt eine strategische Wahl zwischen diesen beiden Kohlenhydratarten zu treffen.

Aber zur Auswahl der richtigen Kohlenhydrate gehört noch mehr. Ich werde dir zeigen, wie du Kohlenhydrate nach ihrem Nährwert auswählst. Schnelle Kohlenhydrate wie raffinierter Zucker sind nicht nur deshalb problematisch, weil sie eine Insulinspitze hervorrufen. Sie enthalten auch wenig Vitamine, Mineralien, Ballaststoffe und sonstige gesunde Bestandteile.

Idealerweise sollten die Kohlenhydrate, die du isst, ihrer ursprünglichen Form so nahe wie möglich sein, wie das etwa bei ganzen Früchten, rohem oder gedämpftem Gemüse und Hafergrütze der Fall ist. Das weitverbreitete Übergewicht in der westlichen Zivilisation kann zu einem großen Teil darauf zurückgeführt werden, dass massenweise industriell verarbeitete Kohlenhydrate konsumiert werden – sie stehen weit oben auf dem glykämischen Index und haben nur einen geringen oder gar keinen Nährwert.

Außerdem erliegen viele Menschen dem Irrtum, dass sie alles essen können, was sie wollen, solange es nur fettarm ist. Sie achten nicht auf den glykämischen Effekt, den Nährwert und den Kaloriengehalt. Ist dir schon aufgefallen, dass man all die als »light« bezeichneten und »fettarmen« Fertigprodukte – Kekse, Joghurt, Fitnessriegel, Softdrinks – im Leben nicht aufzählen könnte und dass die Leute davon trotzdem nicht dünner werden? Der Grund ist, dass darin sehr viel Zucker und modifizierte Kohlenhydrate stecken, als Ersatz für das weggelassene Fett. Durch das fehlende Fett wird die Extraportion Zucker noch schneller absorbiert, was eine stärkere Insulinreaktion hervorruft und die Leute noch fetter werden lässt.

Um dem zu entgehen, musst du dir nur ein paar Grundregeln über Kohlenhydrate merken und strategisch zu möglichst unverarbeiteten, natürlichen Produkten mit niedriger glykämischer Last greifen – und schon bist du auf einem guten Weg zu einer Ernährungsweise, mit der du schlank und fit wirst und bleibst.

2. Kapitel

Die anderen Kraftstoffe: Proteine und Fette

Körperfett zu reduzieren und gleichzeitig Muskelmasse aufzubauen – das ist eine Herausforderung für den Stoffwechsel. Man muss die Kalorienzufuhr einschränken, um Fett abzubauen, und dennoch genügend Kohlenhydrate als Kraftstoff für das Training bereitstellen. Außerdem müssen zwei weitere Makronährstoffe berücksichtigt werden: Proteine zum Muskelaufbau und Fette zur Versorgung der Zellen mit Vitaminen und Mineralien.

Protein-Kraftstoff

Proteine regen Muskelbildung und Fettverbrennung an, besonders in Kombination mit regelmäßigem Training. Wichtige Proteinquellen sind Rindfleisch, Geflügel, Fisch, Eier und Bohnen. Proteine werden nach dem Essen in Aminosäuren aufgespalten, das sind Bausteine, mit denen Zellen jeder Art repariert und regeneriert werden. Eine dieser Aminosäuren heißt Leucin und scheint den anderen überlegen zu sein. Die Muskeln nutzen Leucin als Kraftstoff. Es trägt zur Bildung und zum Erhalt von Muskelmasse bei und ermöglicht dadurch dem Körper, mehr Kalorien zu verbrennen und schneller abzunehmen. Tierisches Protein enthält viel Leucin.

Proteine aktivieren den Fettverbrennungsmechanismus des Körpers jedoch auch auf andere Weise, nämlich indem sie die Produktion eines Hormons namens Glucagon anregen. Glucagon wirkt wie eine SMS an deinen Körper, Depotfett abzubauen und in den Blutkreislauf zu überführen, wo es als Kraftstoff verwendet werden kann.

Außerdem kann sich der Stoffwechsel verlangsamen, wenn man nicht genug Proteine zu sich nimmt. Muskelmasse ist stoffwechselaktives Gewebe, das Kalorien benötigt. Wenn der Körper also Muskelmasse abbaut, um seine Proteinversorgung zu sichern, sinkt die Kapazität zur Fettverbrennung.

Proteine tragen auch zur Sättigung bei, indem sie die Ausschüttung eines Hormons namens Peptid YY anregen. Das Gefühl, satt zu sein, ist ein klarer Vorteil, wenn du deine Nahrungsaufnahme reduzieren willst, um Gewicht zu verlieren. Falls du Lust auf Süßigkeiten oder einen Happen Kohlenhydrate hast, iss lieber einen proteinreichen

Snack. Sehr wahrscheinlich geht der Hunger davon weg.

Der Verzehr von Proteinen hat noch weitere Vorteile: Die Energie (Kalorien) aus Proteinen wird zur Neubildung und Reparatur von Körpergewebe, besonders Muskelgewebe, eingesetzt. Proteine regulieren den Wasserhaushalt des Körpers. Proteine sind auch für die Bildung von roten Blutkörperchen, Enzymen, Hormonen und Antikörpern wichtig, ohne die der Körper nicht richtig funktioniert.

Mit dem Kraftstoff-Plan isst du mehr Proteine, als du wahrscheinlich gewohnt bist. Proteine müssen der Mittelpunkt jeder Mahlzeit sein.

Wie viel Protein?

Ich empfehle, zu jeder Hauptmahlzeit 85 bis 170 Gramm Proteine einzunehmen. Diese Proteinmenge entspricht in etwa der Größe deiner Faust. Iss mehr Proteine – und freu dich über die positive Veränderung deines Körpers!

Fett-Kraftstoff

Du wirst mitbekommen haben, dass ein Hauptziel meines Plans darin besteht, die Muskelmasse zu maximieren und das Körperfett zu minimieren. Vielleicht überrascht es dich, dass dies mit der typischen fettarmen Diät nicht zu erreichen ist. Tatsächlich muss deine Ernährung dazu einen *leicht erhöhten Fettanteil* haben.

Jüngste Erkenntnisse zu diesem Thema stammen aus einer Studie, die im September 2014 in der renommierten Fachzeitschrift *Annals of Internal Medicine* erschien. Die Forscher ließen eine Gruppe von 150 Männern und Frauen ein Jahr lang entweder fettarm essen oder eine kohlenhydratreduzierte Low-Carb-Diät (unter 40 Gramm Kohlenhydrate täglich) mit erhöhter Fettzufuhr machen.

Es stellte sich heraus, dass die Low-Carb/Higher-Fat-Esser im Durchschnitt etwa dreieinhalb Kilo mehr abnahmen als die fettarm Essenden. Diejenigen, die die Kohlenhydratreduktion praktizierten, konnten auch ihren Körperfettanteil deutlich stärker vermindern als die Fettarm-Gruppe und dabei noch ihre Muskelmasse erhöhen – obwohl keine der beiden Gruppen ihr Trainingsverhalten änderte. Tatsächlich beruhte die Gewichtsreduktion der fettarm Essenden hauptsächlich auf abgebauter Muskelmasse. Die Ergebnisse dieser Studie haben mich darin bestärkt, beim Kraftstoff-Plan ein wenig mehr Fett zuzulassen als bei den meisten anderen Diäten.

Es gibt zwei Sorten von Nahrungsfett: solches mit gesättigten und solches mit ungesättigten Fettsäuren. Gesättigte Fettsäuren sind meist tierischen Ursprungs, abgesehen von Kokosfett. Ungesättigte Fettsäuren finden sich meist in pflanzlichen Nahrungsmitteln, also in Nüssen, Saaten, Avocados, Olivenöl, Leinöl, aber auch in Fisch.

Gesättigte Fettsäuren standen lange Zeit in einem unverdient schlechten Ruf, da man ihnen die Schuld für alle möglichen Probleme – von Fettleibigkeit bis Herz-Kreislauf-Krankheiten – gab. Aber solange man gesättigte Fettsäuren nicht im Übermaß zu sich nimmt, sind sie gar nicht so schädlich, wie einst vermutet wurde, auch nicht für das Herz. Es ist sogar wissenschaftlich belegt, dass ein hoher Anteil von gesättigten Fettsäuren an der Ernährung nicht unbedingt zu Herz-Kreislauf-Erkrankungen führen muss. Beispielsweise analysierte eine 2010 im *American Journal of Clinical Nutrition* veröffentlichte Studie zahlreiche klinische Versuche zu gesättigten Fettsäuren und kam zu dem Schluss, dass die wahre Ursache von Fettleibigkeit und Herz-Kreislauf-Problemen die verzehrte Menge an Kohlenhydraten ist. Die Studie ergab Folgendes:

- Bei reduzierter Aufnahme gesättigter Fettsäuren und gleichzeitig erhöhter Kohlenhydratzufuhr (besonders von verarbeiteten Kohlenhydraten) stieg der Blutwert für Triglyceride und LDL-Cholesterin (die Sorte, die Arterien verstopft). Beide Diagnosen sind Risikofaktoren für Herz-Kreislauf-Erkrankungen.
- Durch den Verzehr gesättigter Fettsäuren anstelle von Kohlenhydraten stieg hingegen der HDL-Cholesterinspiegel (das gute Cholesterin, das die Arterien frei hält).

Anfügen möchte ich noch, dass es für aktive Menschen wichtig ist, eine gewisse Menge an gesättigten Fettsäuren zu sich zu nehmen, da dadurch die Konzentration von Testosteron im Körper erhalten wird. Testosteron fördert die Muskelbildung und den Kraftzuwachs. Forschungen haben ergeben, dass Männer, die weniger als 30 Prozent ihrer Kalorien aus Fett beziehen, 25 Prozent weniger Testosteron produzieren als Männer mit fetthaltigerer Ernährung.

Ernährungswissenschaftler haben auch die Beobachtung gemacht, dass die Amerikaner in den letzten vierzig Jahren den Fettanteil ihrer Kalorienzufuhr drastisch reduziert haben, während ironischerweise der Prozentsatz der Übergewichtigen und Fettleibigen dramatisch angestiegen ist. Warum? Weil zu viele Menschen sich fettarm ernähren und das Fett durch stark verarbeitete Kohlenhydrate ersetzen, die der wahre Übeltäter sind: Der Körper absorbiert sie viel schneller, und so kommt es zum *Anstieg* von Körperfett.

Du siehst also, gesättigtes Fett ist nicht so schädlich für die Gesundheit, wie es immer heißt.

Versteh mich nicht falsch: Ich bin nicht dafür, dass du Speck, Butter und durchwachsene Koteletts in dich hineinstopfst, als gäbe es kein Morgen. Jeder Nährstoff ist im Übermaß schädlich, besonders wenn das Verhältnis zu anderen Vitalstoffen nicht stimmt. Ausgewogenheit ist angesagt.

Wie viel Fett?

Bei meiner Diät beziehst du 25 bis 30 Prozent deiner gesamten Kalorienzufuhr aus Fett. Dabei greifst du auf Quellen sowohl für gesättigte als auch für ungesättigte Fettsäuren zurück. Eine kleine Handvoll Nüsse und Saaten, ein wenig gesundes Öl zum Salat und dazu tierische Fette versorgen dich auf natürliche Weise mit einer ausgewogenen Mischung von Fetten. Wenn du Vegetarier oder Veganer bist, kannst du den Bedarf an gesättigtem Fett mit Kokosfett decken.

Wasser: der vergessene Kraftstoff

Für den Körper ist Wasser das, was Öl für das Auto ist. Wasser wird für praktisch jeden Prozess im Körper gebraucht: Gelenkbewegung, Muskelkontraktion, Verdauung, Ausscheidung, Durchblutung, ja sogar für die Atmung.

Wasser wird oft zur Nebensache, dabei ist kein anderer Nährstoff so wichtig. Zwar enthält es keine Kalorien oder Vitamine (und seine wertvollen Mineralien lassen wir gern außer Acht). Aber Ernährungsexperten messen ihm mehr Bedeutung zu als Proteinen, Kohlenhydraten, Fetten, Vitaminen und Mineralstoffen. Die richtige Wasserversorgung ist ein wesentliches Element einer gesunden Lebensweise. Täglich verlieren wir zwei bis drei Liter Wasser durch das Urinieren, Schwitzen und Atmen. Dieses Wasser müssen wir ersetzen.

Du willst Beweise sehen? Schau dir diese Zahlen an: Der Körper eines Mannes besteht zu annähernd 60 Prozent aus Wasser, der einer Frau zu etwa 50 Prozent. Man kann wochenlang ohne Essen überleben, aber nur sechs Tage ohne Wasser. Wenn der Wassergehalt deines Körpers um ein Prozent sinkt, bekommst du Durst. Ab fünf Prozent verschlechtern sich Muskelkraft und Ausdauer, und du fühlst dich erhitzt und müde. Erreicht die Austrocknung 10 Prozent, musst du mit Delirium und Sehstörungen rechnen. Bei 20 Prozent solltest du den Bestatter rufen lassen – denn du bist tot.

Abgesehen davon, dass sie uns am Leben hält, hat eine gute Wasserversorgung noch ganz bestimmte Vorteile für Fitness und Gewichtsreduktion: Die Erhöhung des Flüssigkeitsanteils im Körper kann den Fettabbau (Lipolyse) und die Muskelbildung fördern. Jawohl, das Wassertrinken kann dir bei der Körperfettreduktion und beim Aufbau von Muskelmasse helfen, besonders wenn du Krafttraining betreibst. Das klingt zu schön, um wahr zu sein?

Eine an der California State University durchgeführte Studie hat ergeben, dass Dehydrierung gepaart mit Krafttraining schädlich sein kann. Der Grund: Bestimmte an Fettverbrennung und Muskelwachstum beteiligte Hormone werden so in ihrer Wirkung beeinträchtigt. Die Forscher ließen Freiwillige drei identische Trainingseinheiten unter drei verschiedenen Bedingungen durchführen: normal hydriert, in Maßen dehydriert und ernsthaft dehydriert. Dann entnahmen sie den Probanden Blutproben und untersuchten die Werte von Testosteron, Cortisol, Somatropin, IGF-1, Insulin, Glukose und anderen Stoffen. Die unzureichende Hydrierung zeigte folgende Wirkung: Der Cortisolspiegel wurde erhöht, und das überschüssige Cortisol hinderte das Testosteron am Eindringen in die Zelle – was den Stoffwechsel verlangsamt. Cortisol beeinträchtigt außerdem die Verstoffwechselung von Kohlenhydraten und Fett, und das kann unter Umständen eine Gewichtszunahme bewirken.

Wasser ist zudem ein wichtiger Faktor bei der Thermogenese – der Erzeugung von Körperwärme durch die Verbrennung von Kalorien. Wie groß ist dieser Effekt?

Wenn wir uns an die Ergebnisse einer großen Studie halten, geht es um die Verbrennung von 100 Kilojoule zusätzlich. Für diese Studie schnappten sich Forscher 14 gesunde, normalgewichtige Probanden (sieben Männer, sieben Frauen) und ließen sie 500 Milliliter Wasser trinken – einen halben Liter, also zwei große Gläser voll. Nur diese zwei Gläser heizten den Stoffwechsel der Probanden innerhalb einer Zeitspanne von 45 Minuten um 30 Prozent an. Die Forscher schätzten die durch diesen Anstieg zusätzlich verbrannte Energie auf 100 Kilojoule. Wenn du also acht Gläser Wasser (zwei Liter) am Tag trinkst, verbrennst du automatisch und ohne jede Mühe 400 Kilojoule mehr. Wasser ist ein echter Fettkiller!

Wie viel Wasser?

Wenn du richtig fit werden willst, sollte eine ausreichende Wasserversorgung bei dir oberste Priorität haben. Versuche mindestens zwei Liter Wasser täglich zu trinken – und noch mehr, wenn du regelmäßig trainierst.

Vor ein paar Jahren veröffentlichte das American College of Sports Medicine (ACSM) in seiner Zeitschrift *Medicine and Science in Sports and Exercise* ein Positionspapier zu Training und Wasserversorgung. Darin wurden folgende Richtlinien vorgegeben:

- Zwei Stunden vor dem Training: 500 Milliliter Wasser trinken, um den Körper mit Flüssigkeit zu versorgen und die Ausscheidung von überschüssigem Wasser zu ermöglichen.

- Während des Trainings: zeitig mit dem Trinken beginnen und in regelmäßigen Abständen trinken, um das durch Schwitzen verlorene Wasser zu ersetzen. Man sollte sich gleich vor und nach dem Training wiegen, um festzustellen, ob genug Flüssigkeit ersetzt wurde. Faustregel: Für jedes verlorene Kilo muss während des Trainings ein Liter getrunken werden, um den Flüssigkeitsverlust auszugleichen.

Um es dir so leicht wie möglich zu machen, rate ich dir, immer eine aufgefüllte Wasserflasche dabeizuhaben. Trink zu jeder Mahlzeit und zu jedem Snack ein großes Glas. Trink auch morgens gleich nach dem Aufstehen ein Glas. Ich habe immer ein Glas Wasser neben dem Bett stehen, sodass ich einen Schluck trinken kann, wenn ich nachts aufwache. Den Rest kippe ich morgens runter. Solche Gewohnheiten helfen dir dabei, automatisch genügend Wasser zu trinken. Verlass dich nie auf den Durst – wenn du Durst hast, bist du längst dehydriert!

Um festzustellen, ob deine Wasserbilanz stimmt oder nicht, kannst du dir deinen Urin anschauen. Nur wenn er immer farblos oder ganz hell ist, trinkst du genug Wasser.

Die Bedeutung gesunder Ernährung kann man gar nicht genug betonen. Eine ausreichende Grundlagenkenntnis zu Dingen wie glykämischer Last oder Nährstoffgehalt ist absolut notwendig, um deine Fitnessziele zu erreichen und beizubehalten. Mach dir bewusst, was du deinem Körper an Kraftstoffen zuführst, und wende die erläuterten Grundprinzipien an. Wenn du dir dann noch den Kraftstoff-Plan einprägst und befolgst, brauchst du kaum noch nachzudenken.

Bisher habe ich dir erklärt, welche Kohlenhydrate, Proteine und Fette die besten sind. Als Nächstes zeige ich dir, wie du die Nährstoffe optimal aufnimmst, und zwar in Form sogenannter Kalorienzyklen – der Geheimwaffe des Kraftstoff-Plans.

3. Kapitel

Kalorienzyklen

Mit Ausnahme von Wasser haben alle bisher besprochenen Kraftstoffe Kalorien (beziehungsweise Joule). Kilokalorien (kcal) sind eine Maßeinheit für die bei der Verwertung von Nahrung im Körper freigesetzte Energie. Gewichtszunahme, -abnahme und -regulierung hängen zu einem hohen Grad, aber nicht ausschließlich vom Verhältnis zwischen Kalorienaufnahme und -verbrauch ab. Stark vereinfacht ausgedrückt: Überschüssige Kalorien werden als Fett gespeichert, während ein Kaloriendefizit zur Verbrennung von Depotfett führt.

Die meisten Diäten basieren auf Kalorienreduktion. Die Theorie lautet, dass man 500 kcal am Tag weglassen muss, um pro Woche ein Pfund abzunehmen. Die Rechnung ist einfach: 500 Gramm Körpergewicht entsprechen etwa 3500 kcal (500 kcal × 7 Tage = 3500 kcal).

Die Kalorienreduktion zum Abnehmen funktioniert zwar, hat aber ihre Grenzen, besonders wenn die Kalorienquellen von geringer Qualität oder schlecht gewählt sind. Eine konstant verminderte Kalorienzufuhr ist langfristig kaum durchzuhalten, da man sich ständig hungrig fühlt. Gefühle von Langeweile und Entbehrung treten auf, und ein Scheitern ist unumgänglich.

Dazu kommt, dass der Gewichtsverlust bei solchen Diäten oft eher bescheiden als ermutigend ist. Untersuchungen haben belegt, dass sich der Gewichtsverlust nach monatelanger Diät oft frustrierend stark verlangsamt. Das rührt teilweise daher, dass die Kraftstoffzusammensetzung bestimmt, wie der Körper die Kalorien verstoffwechselt. Ohne die richtige Mischung aus Makronährstoffen (Kohlenhydrate, Proteine und Fette) und ohne ein ausreichendes Maß an nährstoffdichten langsamen Kohlenhydraten tendiert der Körper dazu, die aufgenommene Energie zur Fetteinlagerung statt zum Muskelaufbau zu verwenden. Dadurch kommt es zu einer Abwärtsspirale des Stoffwechsels, da Muskeln selbst im Ruhezustand Kalorien verbrauchen.

Das größte Problem bei konstanter Kalorienreduktion besteht darin, dass sie den Grundumsatz verringert. Der Grundumsatz bezeichnet die Kalorienmenge, die der Körper durch seine Grundfunktionen verbrennt – durch Atmung, Herzschlag, Wärmeproduktion, Nierentätigkeit und so weiter –, er ist der Motor des Lebens an sich. Der Grundumsatz ist für 60 bis 75 Prozent unseres gesamten Kalorienverbrauchs verantwortlich. Die restlichen Kalorien werden durch Aktivität verbrannt.

An diesem Punkt scheitern strenge Diäten. Der Körper passt sich mit der Zeit an das dauerhafte, konstante Kaloriendefizit an, indem er die Maschine drosselt und den Stoffwechsel verlangsamt. Je mehr man also abnimmt, desto weniger Kalorien braucht man. Warum? Zum einen muss weniger Körpermasse versorgt werden. Zum anderen organisiert der Körper den Stoffwechsel immer effizienter, um Energieaufnahme und -verbrauch auszugleichen. Der Körper ist nämlich ungemein findig. Bei Hungersnot – oder während einer strengen Diät (was für ihn gleichbedeutend ist) – passt er sich der Lage an, indem er den Grundumsatz verringert. Gleichzeitig lagert er einen Teil der Kalorien als Fettdepots ein. Der Aufbau von stoffwechselaktivem Gewebe wie Muskeln ist dann unwahrscheinlich, besonders wenn der Bedarf an Körperkraft gering ist. Um es noch einmal anders zu formulieren: Ein entscheidender Faktor für unser Überleben ist der Ausgleich zwischen Energieaufnahme und -verbrauch. Der Körper passt sich einem andauernden Kaloriendefizit an, indem er seine Effizienz steigert (mehr Ertrag, weniger Einsatz), was dazu führt, dass ihm Fett lieber ist als Muskeln – besonders wenn man kein Krafttraining betreibt. Die meisten Diäten, die auf Kalorienreduktion setzen, vernachlässigen dieses Prinzip. Das ist der Grund, warum Menschen nach diesen Diäten ihr verlorenes Gewicht fast immer wiedererlangen (und manchmal sogar noch zulegen).

Da manche Menschen einen geringeren (effizienteren) Grundumsatz haben, nehmen sie leichter zu als andere – ein Vorteil bei Hungersnöten, aber ungünstig in Zeiten des Überflusses. Umgekehrt verbrennen Menschen mit höherem (ineffizienterem) Grundumsatz mehr Kalorien, besonders im Ruhezustand. In unserer Wohlstandswelt braucht man, um dauerhaft Fett loszuwerden, einen hohen Grundumsatz, der großzügig mit Energie umgeht. Genau darum geht es bei meiner Diät – um eine Kraftstoffversorgung des Körpers, die Muskeln aufbaut, satt und gesund macht und die Maschine ordentlich anheizt!

Eine neue, verbesserte Methode Fett zu verbrennen und Muskeln aufzubauen

Eine Reihe unterschiedlicher Variablen beeinflusst den Grundumsatz. Die beiden wichtigsten sind Training und Ernährung. Diese beiden Faktoren kann man manipulieren, um den Grundumsatz zu pushen.

Die beste Methode dazu sind Kalorienzyklen. Anders als bei gewöhnlichen Reduktionsdiäten, die eine konstant niedrige Kalorienzufuhr vorschreiben, fährt man mit Kalorienzyklen die Kalorienzufuhr phasenweise rauf oder runter. Bei dieser Methode bleibt der Kalorieninput nie über mehr als ein paar Wochen konstant. Man isst beispielsweise zirka drei Wochen lang nach einem hochkalorischen Speiseplan (3er-Block), gefolgt von zwei Wochen mit kalorienreduzierter Kost (2er-Block), auf die wiederum eine Woche mit strengerer Kalorienreduktion folgt (1er-Block).

Wenn der Körper unterschiedliche Kalorienmengen pro Tag bekommt – sagen wir mal, ein paar Wochen hochkalorisch, in den folgenden Wochen niedrigkalorisch –, kann der Grundumsatz hoch bleiben, sodass mehr Kalorien verbrannt werden. Anders ausgedrückt: Kalorienzyklen ruckeln ständig am Stoffwechsel herum, er wird nie träge und verbrennt immer weiter Fett. Dahinter liegt ein ähnliches Konzept wie bei der Methode, von Zeit zu Zeit Trainingsvolumen und -intensität zu ändern, damit sich der Körper an neue Reize anpassen muss. Zyklische Änderungen der Kalorienzufuhr (Volumen) und der Kraftstoffauswahl (Intensität) bewirken das Gleiche.

In den Phasen mit hohem Kalorienvolumen darfst du freier zwischen verschiedenen Kraftstoffen wählen (weniger intensive Diät). Mit von Block zu Block abnehmendem Kalorienvolumen schränkt sich auch deine Nahrungsmittelauswahl etwas ein. Genau wie bei meinen Trainingsprogrammen sind Volumen und Intensität hier umgekehrt proportional und ständig im Wechsel.

Ein großer Vorteil dieser Methode ist, dass du während der festgesetzten hochkalorischen Phasen (also im ersten, längsten Block von drei Wochen und im mittleren, zweiwöchigen Block) härter trainieren und dich schneller erholen kannst. Es ist schlichtweg unmöglich, bei konstantem Kaloriendefizit optimale Trainingsfortschritte zu erzielen. Im 3er- und 2er-Block *brauchst* du die Extrakalorien aus schnellen Kohlenhydrat-Kraftstoffen, wenn du Bestleistungen erbringen und möglichst viel mageres, den Grundumsatz steigerndes Muskelgewebe bilden willst.

So wie ein gutes Trainingsprogramm systematische Schwankungen in Umfang und Intensität vorsieht, sollte auch eine Diät die Qualität und Quantität der Kalorienaufnahme systematisch variieren. Kalorienzyklen führen zu mehr Muskeln und weniger Fett als eine gleichbleibende Diät, die vier Wochen oder länger durchgehalten wird.

Kalorienzyklen verhindern auch jene Plateauphasen, während deren die Gewichtsabnahme ins Stocken gerät und die Kleidung nicht mehr lockerer zu werden scheint. Ende der Fahnenstange – jeder ernsthafte Sportler, Fitnessfan oder Diätmachende hat das schon mal erlebt. Kalorienzyklen verringern die Wahrscheinlichkeit eines Stillstands vor Erreichen des Zielgewichts. Denn sie bieten mehr Abwechslung und erfordern dadurch mehr Anpassung.

Die zweite Möglichkeit, den Grundumsatz zu erhöhen, ist Krafttraining, einschließlich Körpergewichtsübungen. Meine Workouts bauen Muskelmasse auf, und die Muskulatur ist für 80 Prozent des Grundumsatzes verantwortlich. Körperfett ist dagegen träge, inaktiv und extra dazu geschaffen, ein Minimum an Kalorien zu verbrauchen; seine Aufgabe besteht darin, vor Kälte zu schützen und Energie für zukünftige Aktivitäten zu speichern. Muskulatur ist ein aktives, fettverbrennendes Gewebe. Je mehr du davon hast, desto höher ist dein Grundumsatz. Das Kraftstoff-Workout (ab Seite 165) bewirkt genau das.

Kalorienzyklen in der Forschung

Ich weiß aus eigener Erfahrung und aus den Berichten meiner Klienten, dass Kalorienzyklen *funktionieren.* Beweise gefällig? 2014 wurden Testpersonen von klinischen Forschern in Iran teils auf eine herkömmliche, kalorienarme Diät gesetzt, teils auf eine mit Kalorienzyklen. Die Probanden mit der Kalorienzyklen-Diät senkten ihren Kalorienkonsum, um abzunehmen, und erhöhten ihn wieder, um ihren Grundumsatz auf hoher Stufe zu halten.

Das Ergebnis dieser Studie war recht eindeutig. Bei denjenigen, die Kalorienzyklen nutzten, sank der Grundumsatz nicht, während er bei den konstant kalorienarm Essenden bedeutend absackte. Die Kalorienzyklen-Gruppe verlor auch mehr Gewicht und Körperfett als die Teilnehmer der anderen Gruppe. Zudem fühlten sich die »Kalorienzykler« ihren Rückmeldungen zufolge satter und zufriedener als die »Reduktionsdiätler«. Kalorienzyklen optimieren offensichtlich den Stoffwechsel und den Abnehmerfolg.

Kalorienzyklen und Hormone

Kalorienzyklen stimulieren bestimmte Stoffwechselhormone. Damit meine ich all jene Hormone, die die Fetteinlagerung und den Fettabbau regulieren, also unter anderem Insulin, Somatropin, Testosteron, IGF-1 und Schilddrüsenhormone.

Ich will nicht allzu tief in die Biochemie eindringen, hier nur ein paar erwiesene Fakten:

- Wenn man die Kalorien- und Kohlenhydratzufuhr verringert, schüttet die Bauchspeicheldrüse Glucagon aus – das Hormon, das bei Nahrungsknappheit die Fettdepots freigibt. Schon bald passiert das Wunderbare: Unansehnliche Speckrollen werden verbrannt, man wird schlanker. Das geht so lange weiter, bis der Körper durch Gewichtsverlust und gebremsten Grundumsatz das Verhältnis zwischen Input und Output wieder ausgeglichen hat.
- Bei meiner Diät wirst du, wie schon erwähnt, die meisten Kalorien bei den Kohlenhydraten einsparen. Und ebendadurch wirst du schlanker. Wenn man Kohlenhydrate weglässt, greifen die Muskeln zur Energiegewinnung nämlich auf ihre Kohlenhydratspeicher (Glykogen) zurück. Und wenn der Glykogenspiegel sinkt, steigt die Bereitschaft des Körpers, Fett zu verbrennen.
- Durch eine mindestens zwei Wochen währende Erhöhung der Kohlenhydratzufuhr hingegen verstärkt man die Ausschüttung von Testosteron und IGF-1. Testosteron ist ein männliches Geschlechtshormon, das das Muskelwachstum stimuliert. Auch Frauen haben ein wenig davon. IGF-1 regt die Proteinsynthese an und schützt vor Muskelabbau. Auch wenn du also im 3er-Block mehr Kalorien isst, bleibt dein Körper dennoch im Fettverbrennungs- und Muskelbildungsmodus, da du mit Kalorienzyklen arbeitest. Das funktioniert besonders gut im Zusammenspiel mit Krafttraining, zum Beispiel mit den Programmen aus *Fit ohne Geräte* oder *Fit ohne Geräte für Frauen* oder mit den Workouts des Kraftstoff-Plans.
- Wenn du Kalorienzyklen einsetzt, tut das auch deiner Schilddrüsenfunktion gut. Die wie ein Schmetterling geformte Schilddrüse, die im Hals beiderseits der Luftröhre liegt, produziert und speichert Hormone zur Regulierung des Stoffwechsels. Die Blutwerte an Schilddrüsenhormonen hängen von der Qualität und Quantität der Ernährung ab. Bei konstanten Reduktionsdiäten tritt oft ein Knick in den Schilddrüsenhormonspiegeln auf, während die Hormonproduktion bei Menschen, die ausreichend mit Kraftstoff versorgt sind, ansteigt. Leicht erhöhte Schilddrüsenhormonspiegel stimulieren nicht nur die Fettverbrennung, sondern regen auch die Muskelbildung an.

Hooya!

Tipps zum Grundumsatz

Es gibt noch mehr, was du tun kannst, um deinen Grundumsatz zu steigern:

- Iss mehrmals am Tag. Die Mahlzeitenhäufigkeit beeinflusst deinen Grundumsatz auf zweierlei Weise. Erstens: Jedes Mal, wenn man eine Mahlzeit oder einen Snack zu sich nimmt, legt der Stoffwechsel voll los – der Körper verwandelt das Essen in Kraftstoff. Zweitens: Wer öfter isst, bremst die Bildung von Cortisol (einem Hormon, das Bauchfett entstehen lässt). Bei niedrigem Cortisolspiegel wird mehr Testosteron gebildet, und der Körper kann seine Muskelmasse besser erhalten.
  Anders gesagt: Lass keine Mahlzeiten aus. Wenn sich der Körper an lange Zeitspannen ohne Nahrung gewöhnt, passt er sich daran an, indem er Energie einspart und weniger Kalorien verbrennt. Es ist keine gute Idee, sich den Hunger für ein großes Abendessen »aufzusparen«, indem man den Tag über nichts isst. Der Grundumsatz schaltet dann auf Hungersnot und verbrennt längst nicht so viele Kalorien, wie man dann am Abend in sich hineinstopft.
  Fazit? Fünf über den Tag verteilte Mahlzeiten – drei Hauptmahlzeiten und zwei Snacks – sind besser bekömmlich, verhindern Hungeranfälle, regen den Grundumsatz an und machen dich dadurch schlanker. Jeder Block dieses Plans sieht daher fünf Mahlzeiten vor.
- Vergiss dein Frühstück nicht. Im Schlaf verbraucht der Köper wenig Energie und konzentriert sich auf die Regeneration. Wenn du aufwachst, ist er noch im Reparaturmodus und verbrennt die Kalorien nur langsam. Gibst du ihm innerhalb einer Stunde nichts zu essen, verbrennt er auch während des restlichen Tages nur langsam Fett. Mit meinen Frühstücksrezepten kannst du die tägliche Fettverbrennung ankurbeln.
- Iss ausgewogen. Der Grundumsatz boomt, wenn du die richtigen Nahrungsmittel in der richtigen Kombination zu dir nimmst. Sobald du etwas isst, kommt der Stoffwechsel in Gang, denn der Körper macht sich an die Verdauungsarbeit. Aber um den Stoffwechsel maximal anzuheizen, musst du eine Mischung aus den gesündesten Kohlenhydraten, Proteinen und Fetten essen. Es geht darum, den durch Kohlenhydrate bewirkten Energieschub bei jedem Essen durch die Ergänzung von Proteinen und/oder Fetten auszudehnen. Proteine und Fette verlangsamen die Verdauung der Kohlenhydrate, sodass der Grundumsatz länger erhöht bleibt. Meine Speisepläne helfen dir dabei, diesen Effekt zu erzielen.
- Hau rein bei Gemüse! Iss langsame Kohlenhydrate in Form von Gemüse in unbegrenzten Mengen, um mit so wenig Kalorien wie möglich den Grundumsatz anzuheben. Das Tolle an Gemüse ist, dass es viel Ballaststoffe enthält und den Körper dazu bringt, Fett als Kraftstoff zu verwenden, indem es kräftig aufs Stoffwechsel-Gaspedal tritt. Beim Kraftstoff-Plan gibt es jeden Tag mindestens drei Portionen Gemüse-Kraftstoff.

Jetzt, wo du weißt, wie Kalorienzyklen funktionieren, fragst du dich sicherlich, ob du beim Kraftstoff-Plan mühselig Kalorien zählen oder Kalorientabellen durchforsten musst. Nein, diese Arbeit habe ich dir abgenommen. Die Kalorien zähle ich, und die Rechnerei mache ich auch. Befolge einfach den Kraftstoff-Plan, dann wird deine Kalorienaufnahme automatisch so umgestellt, dass Fettabbau und Muskelbildung eintreten. Aber du kriegst es auch ganz leicht ohne mich hin – iss zu jeder Mahlzeit eine Portion Proteine, dazu so viel Gemüse, wie du willst, und achte auf die schnellen Kohlenhydrate.

Kalorienzyklen sind eine wirkungsvolle Diätmethode. Du bekommst damit in den Griff, was beim Fitwerden am kniffligsten ist: den Fettabbau bei gleichzeitiger Muskelbildung. Wenn du superfit und kräftig werden willst, ohne Fett anzusetzen, solltest du diese Methode ausprobieren. Im nächsten Kapitel erfährst du, wie du das Prinzip in die Praxis umsetzt.

2. TEIL

Echter Kraftstoff

4. Kapitel

Nahrungsmittel – die glorreichen Sieben

Fleisch. Fisch. Ei. Gemüse. Obst. Getreide. Nüsse und Saaten.

Das sind die sieben Nahrungsmittelgruppen, die den Kern des Kraftstoff-Plans bilden. Jahrmillionen lang haben sich Urmenschen von diesen Kraftstoffen ernährt. Die Frauen sammelten Nüsse, Samen, Obst und Gemüse, während die Männer auf die Jagd nach Fleisch und Fisch gingen. Zusammen lieferten diese Nahrungsquellen alle lebenswichtigen Nährstoffe, die die Menschen zum Gedeihen brauchten. Wie verfügbar diese Nahrungsquellen in der jeweiligen Jahreszeit waren, hing im Wesentlichen von Klima, Geografie und Glück ab, aber egal, wie viel unsere Urahnen davon aßen, waren dies für sie die einzigen erreichbaren Nahrungsmittel. Unser Körper hat sich also an ihren Verzehr angepasst.

Diese Nahrungsmittel fördern einen optimalen Gesundheitszustand und entsprechen unserer ursprünglichen, natürlichen Ernährungsweise. Wissenschaftler konnten aus fossilen Überresten schließen, dass unsere Höhlen bewohnenden Urahnen nicht nur schlank und muskulös waren, sondern im Allgemeinen auch nicht unter den Krankheiten zu leiden hatten, die uns heutzutage typischerweise befallen. Wenn sie nicht von wilden Tieren gefressen oder im Krieg getötet wurden, lebten viele von ihnen gesund bis ins achte oder neunte Lebensjahrzehnt. In der letzten Zeit sind daher einige von der Altsteinzeit inspirierte Diäten aufgekommen, oft unter dem Etikett »Paleo«. Sie schließen alles aus, was vor zehntausend bis 2,6 Millionen Jahren nicht hätte gejagt oder gesammelt werden können.

Verarbeitete Lebensmittel wie Nudeln, Brot oder Milchprodukte traten erst vor zehn- bis zwölftausend Jahren auf den Plan, als wir Pflanzen und Tiere zu domestizieren begannen. Das ist ein winziger Zeitraum, verglichen mit den Hunderttausenden von Jahren, die wir mit Jagen und Sammeln verbrachten. Andere Sattmacher wie Reis und Kartoffeln waren ebenfalls erst in großen Mengen verfügbar, als wir mit dem Anbau essbarer Pflanzen und mit der Tierhaltung begannen. Das waren großartige Neuerungen, und unsere Gesellschaften blühten mithilfe dieser neuen Nahrungsquellen auf. Das Problem besteht heute darin, dass die Nahrungsmittelindustrie mit technischen Mitteln manche Lebensmittel immer weiter verarbeiten kann, sodass sie sich mehr und mehr von ihrer Ursprungsform entfernen – bis außer leeren, fettmachenden Kalorien kaum noch Nährstoffe übrig bleiben. Ein übermäßiger Genuss dieser modernen Lebensmittel hat der Gesundheit der Menschen geschadet. Es sind Zivilisationskrankheiten entstanden, die unsere Vorfahren nicht kannten, darunter Fettleibigkeit, Krebs, Herz-Kreislauf-Erkrankungen, Diabetes und Demenz.

Die relativ lange Lebensspanne, die vielen Menschen heute gegeben ist, kann größtenteils dem medizinischen Fortschritt zugeschrieben werden und nicht der richtigen Ernährung und gesunder Lebensführung. Mit medizinischen Hilfsmitteln – Statinen, Blutverdünnern, Operationen, Stents und anderen Hilfsmitteln – halten wir Menschen am Leben, die sonst schon lange gestorben wären.

In meiner jahrelangen Arbeit mit Klienten, Sportlern und Rekruten habe ich herausgefunden, dass der direkteste Weg zu einem idealen Körperbau (weniger Körperfett, mehr Muskelmasse) über eine Ernährung führt, die auf naturbelassene Lebensmittel setzt und den Konsum stark verarbeiteter Produkte einschränkt. Als Realist verlange ich nicht, dass du Industrieprodukte ganz aufgibst; aber ich schlage dir vor, diese modernen Lebensmittel höchstens als Ergänzung deiner Ernährung zu sehen und am besten nur zur schnelleren Regeneration nach dem Training zu nutzen.

Das Fundament dieser Ernährungsweise besteht aus Nahrungsmitteln, die ihrem ursprünglichen, lebendigen Zustand so nah wie möglich sind – egal, ob Pflanze oder Tier. Mit diesen Nahrungsmitteln und ihrer günstigen Wirkung auf den Stoffwechsel solltest du dich vertraut machen.

Protein-Kraftstoff

Fleisch

In dieser Kraftstoff-Kategorie findest du mageres Fleisch und Geflügel. Bei allen Produkten handelt es sich um erstklassige Proteinquellen. Denk daran, Proteine erhalten die Muskulatur und regen die Ausschüttung von Stoffwechselhormonen an. Sie sind außerdem Fettkiller und natürliche Appetitzügler. Mit meinem Plan isst du immer die richtige Menge Proteine für den Aufbau, die Reparatur und den Erhalt von Muskelmasse.

Deine Auswahl an Fleisch

Rind:

Bison	Kugel	Rib-Eye-Steak
Filet	Lende	Roastbeef
Hochrippe	Mageres Rinderhack	
Kamm (Schmorfleisch)	Oberschale	

Lamm:

Braten jeder Art	Brust	Keule
Kotelett		

Schwein:

Filet	Kotelett	Schinken
Kochschinken	Lendenbraten	Schnitzel

Kalb:

Braten jeder Art	Filet	Schulter
Brust	Kotelett	Steak (Medaillon)

Wild:

Alle Teile

Geflügel:

Geflügelhackfleisch	Putenbrust	Stubenküken
Hähnchenbrust	Putenkeule/-bein	Wachtel
Hähnchenkeule/-bein	Putenwurst/Putenschinken	

Hooya!

Weide oder Silofutter?

Ein wichtiger und oft vernachlässigter Faktor unseres Wohlergehens ist die Gesundheit der Tiere (und Pflanzen), die wir verzehren. Wir sollten darauf schauen, wie unsere Nahrungsquellen angebaut beziehungsweise gehalten werden und wie sie von Feld oder Stall auf unseren Teller kommen. Denn schließlich beeinflusst die Gesundheit des Viehs auch unsere Gesundheit. Ich achte deshalb sorgfältig darauf, ob das Fleisch, das ich esse, von Weidetieren kommt und nicht von Vieh, das mit Silage gefüttert wird. Abgesehen von der Kuhmilch des Muttertieres fressen solche Rinder ausschließlich Weidegras und kein Silofutter. Warum Weidegras besser als Silage ist? Fleisch von Weiderindern ...

- hat weniger Kalorien,
- enthält mehr Vitamin E, Betacarotin und Vitamin C,
- ist reicher an Omega-3-Fettsäuren,
- besitzt einen höheren Gehalt an konjugierter Linolsäure – einem »guten« Fett, das das Immunsystem stärken, den Blutzuckerspiegel normalisieren und zur Fettverbennung beitragen kann,
- enthält wahrscheinlich keine Schadstoffe wie Chemikalien, Pestizide oder Wachstumshormone.

Es lohnt sich auch, Fleisch mit dem Etikett »kontrolliert biologisch« zu kaufen. Dieses Fleisch muss ganz bestimmte Qualitätskriterien erfüllen, das Vieh darf zum Beispiel nicht mit genmanipuliertem Futter gefüttert worden sein. Doch Achtung: Auch wenn die Tiere nur Bio-Futter bekommen haben, kann es sein, dass sie trotzdem nicht auf der Weide grasen durften. Die beste Wahl beim Fleischkauf ist also kontrolliert biologisch aufgezogenes Weiderind.

Fisch und Schalentiere

Fisch ist ebenfalls eine hervorragende Proteinquelle, die voller Omega-3-Fettsäuren steckt. Diese wunderbaren Fette beeinflussen den Fettstoffwechsel – weg von der Speicherung, hin zu mehr Verbrennung. Wenn sich deine Mitte zu sehr rundet, iss Fisch, am besten Lachs und Thunfisch. Beide enthalten viel Omega-3-Fettsäuren, was bekanntlich den Bauchspeck bekämpft. Und nicht nur das: 2013 wurde im medizinischen Fachjournal *Diabetes über eine Studie berichtet*, die zeigte, dass Fischöl Fettzellen schrumpfen lässt – ein Effekt, der zu einem schlankeren Körper beiträgt.

Deine Auswahl an Fisch und Schalentieren

Austern
Flunder
Flussbarsch
Forelle
Garnelen
Goldmakrele
Granatbarsch
Hai
Jakobsmuscheln
Kabeljau
Karpfen
Krabben
Lachs
Miesmuscheln
Red Snapper
Rotbarsch (Goldbarsch)
Sardinen aus der Dose (in Wasser)
Schellfisch
Seebarsch
Seeteufel
Thunfisch, frisch oder aus der Dose (in Wasser)
Tilapia
Venusmuscheln
Wels
Zackenbarsch

Hooya!

Bedenken wegen Quecksilber?

Du fragst dich, ob Fisch nicht zu viel Quecksilber enthält? Ich kenne Leute, die eine solche Angst vor Fisch haben, dass sie ein Fischrestaurant nur im Schutzanzug betreten würden. Es hat sich aber herausgestellt, dass diese Angst größtenteils unbegründet ist. Eine Studie der University of Bristol aus dem Jahr 2013 legt nahe, dass nur sieben Prozent der Quecksilberspuren in unserem Körper aus Fisch stammen und überhaupt weniger als 17 Prozent aus Lebensmitteln und Getränken. Überraschenderweise sah die Studie bei den höchsten Quecksilberwerten einen Zusammenhang mit Kräutertees und alkoholischen Getränken (gleich nach Weißfisch und fettem Fisch). Ich liebe Fisch und weiß, dass Omega-3-Fettsäuren gut für mein Herz und meine Figur sind, daher freute mich die Feststellung, dass Fisch für einen so geringen Anteil unserer Quecksilberbelastung verantwortlich ist.

Manchmal glaube ich, wir machen uns völlig übertriebene Sorgen um angeblich gefährliche Stoffe im Essen, aber nicht um die Sachen, die uns erwiesenermaßen krank machen, wie Aspartam, Fruktose-Glukose-Sirup und Transfette. Das sind die echten Killer. Aber wir karren sie uns tütenweise ins Haus.

Ich bin kein Fitnessguru, der leichtfertig mit Ratschlägen um sich schmeißt. Fisch essen ist eine Sache des richtigen Maßes. Es ist ratsam, sich an weniger quecksilberbelastete Meeresfrüchte wie Lachs, Garnelen und Tilapia zu halten. Fischsorten wie Schwertfisch oder weißer Thunfisch zeigen höhere Quecksilberwerte. Mein Tipp: Gegrilltes Haifischsteak oder ein Thunfischsandwich solltest du dir ein paarmal im Monat gönnen, aber nicht täglich.

Ei

Eier werden manchmal als »perfektes Nahrungsmittel« bezeichnet. Sie sind eine hochwertige Proteinquelle und enthalten zahlreiche Vitamine und Mineralien. Eier sind auch von extrem hoher biologischer Wertigkeit, was bedeutet, dass der Körper die in Eiern enthaltenen Proteine komplett und effizient aufnimmt und verwertet. Außerdem ist eine appetitzügelnde Wirkung belegt.

Deine Auswahl an Eiprodukten

Eier in allen Zubereitungen

Eiklar

Kohlenhydrat-Kraftstoff

Langsames Gemüse

Der Kraftstoff-Plan sieht jede Menge Vitamine, Mineralien und Ballaststoffe (die altbewährten Fettkiller) vor, wie sie in langsamem Gemüse aller Art zu finden sind. Gemüse hat die geringste glykämische Last und den geringsten Kaloriengehalt aller Lebensmittel. Zudem haben bestimmte Gemüsesorten einen positiven Einfluss auf die fettverbrennenden Hormone. Dabei handelt es sich um Kreuzblütler wie beispielsweise Brokkoli, Blumenkohl, Rosenkohl, Weißkohl und Grünkohl. Diese Gemüsesorten enthalten allesamt sekundäre Pflanzenstoffe, die das Körperfett begünstigende Östrogen im Zaum halten und dessen negative Wirkung auf den Testosteronspiegel verringern.

Ernährungsexperten, darunter unsere Eltern und Großeltern, haben uns jahrzehntelang gepredigt, dass Gemüse gut für uns ist. Sie haben recht: Gemüse schützt uns vor allerlei lebensverkürzenden Krankheiten. Wenn dir also der Gedanke an einen frühen Tod Angst einjagt, dann iss dein Gemüse auf. Mit dem Kraftstoff-Plan darfst du langsames Gemüse nach Belieben essen.

Deine Auswahl an langsamem Gemüse

Auberginen

Brokkoli

Brunnenkresse

Endivien

Erbsenschoten

Frühlingszwiebeln

Gelbe Bohnen

Grüne Bohnen

Grünkohl

Gurke

Knoblauch

Kohl, alle Arten

Kohlrabi

Löwenzahn

Mangold

Okraschoten

Pak Choi

Paprika jeder Art

Petersilie

Pilze jeder Art

Rosenkohl

Rucola

Salat jeder Art

Sellerie

Spargel

Spinat

Sprossen (Alfalfa, Brokkoli, Mungo etc.)

Stielmus

Tomaten

Wasserkastanien

Zucchini

Zwiebeln

Hooya!

Entsaften entzückt

Manchmal höre ich von Leuten, dass sie kein Gemüse mögen. Dann empfehle ich ihnen, Gemüsesaft zu probieren. Durch frisch gepresste Gemüsesäfte kann man sich Gemüse aller Art auf einfache Weise einverleiben. Dadurch bekommt man einen sofortigen Vitamin- und Mineralienschub. Frischer Saft enthält Verdauungsenzyme, die zur Entgiftung des Verdauungstrakts beitragen und so den ganzen Organismus revitalisieren. Sie sind auch reich an sekundären Pflanzenstoffen, die die Gesundheit fördern und vor Krankheiten schützen.

Ein weiterer Grund, warum ich Gemüsesaft empfehle, ist, dass er Fressattacken vorbeugt. Wenn du bei bisherigen Abnehmversuchen immer Hunger auf Süßes und Sonstiges hattest, kann das an einem Mangel an essenziellen Vitaminen und Mineralien liegen. Durch das Trinken von Gemüsesaft kann dieser Mangel behoben und die innere Naschkatze gezähmt werden. Als Resultat isst du dann möglicherweise weniger schlechtes Essen, sparst Kalorien und nimmst auf diese Weise ab.

Ein Nachteil ist, dass durch das Entsaften Ballaststoffe verloren gehen, es sei denn, du zerkleinerst das Gemüse mit dem Mixer und machst dir einen Smoothie. Es ist auf jeden Fall ratsam, etwas von den zurückgebliebenen Faserstoffen wieder in den Saft zu geben. Füge dem Saft auch noch etwas pflanzliches Proteinpulver und ein bisschen Öl hinzu, um Blutzuckerspitzen in den Griff zu kriegen.

Ein paar Tipps zum erfolgreichen Entsaften:

- Nimm hauptsächlich Gemüse, auch Blattgemüse (das hat den höchsten Gehalt an Vitaminen und sekundären Pflanzenstoffen). Probier Weißkohl, Grünkohl oder Spinat und schmeiß noch etwas Petersilie (zur Blutreiningung) oder Koriander (zu Entgiften von Schwermetallen) mit rein.
- Sei sparsam mit Fruchtsaft. Er hat einen zu hohen Zuckergehalt und kann sich negativ auf die Insulinreaktion auswirken. Verwende Obst nur zur geschmacklichen Abrundung und überlasse dem Gemüse die Hauptrolle. Grüner Apfel eignet sich gut zum Süßen. Karotten und rote Bete süßen ebenfalls, sollten aber mit Bedacht verwendet werden.
- Trink den Saft sofort. Frisch gepresster Saft verliert rasch an Nährwert und verdirbt auch schnell. Richte es daher so ein, dass du den Saft gleich nach dem Pressen trinkst. Wenn du ihn erst in ein paar Stunden trinken kannst, dann bewahre ihn in einem fest verschlossenen Gefäß im Kühlschrank auf.

Es gibt Zentrifugenentsafter und Saftpressen. Zentrifugenentsafter sind am günstigsten – und am wenigsten effektiv. Sie erzeugen eine gewisse Hitze und entfernen mehr Ballaststoffe aus dem Gemüse. Im mittleren Preissegment sind Saftpressen mit einer Schnecke zu finden, sie sollen etwas mehr Ballaststoffe im Saft lassen. Zweischnecken-Saftpressen sind die teuersten – und die wirksamsten. Sie holen ein Maximum an Saft aus dem Pressgut.

Lust auf leckeren Saft? Dann probier doch meinen *Gemüsekraftsaft* auf Seite 137.

Schnelles Gemüse

Die unten aufgeführte Auswahl fällt unter die Kategorie »schneller Kraftstoff«, weil die glykämische Last und der Kaloriengehalt dieser Gemüsesorten höher ist als bei den oben aufgelisteten Produkten. Schneller Kohlenhydrat-Kraftstoff enthält auch mehr Stärke, daher spricht man auch von stärkehaltigem Gemüse.

Deine Auswahl an schnellem Gemüse

Hülsenfrüchte:

Dicke Bohnen	Kidneybohnen	Pintobohnen
Erbsen	Limabohnen	Schwarze Bohnen
Kichererbsen	Linsen	Weiße Bohnen

Sonstige:

Kürbis	Pastinaken	Süßkartoffeln
Mais	Rote Bete	
Möhren	Steckrüben	

Schnelles Obst

Obst klassifiziere ich insgesamt als schnellen Kraftstoff, da es Einfachzucker enthält und eine höhere glykämische Last hat als die langsamen Lebensmittel. Obst hat tendenziell viele Ballaststoffe. Dadurch verdaut man es langsamer, sodass es eher zur Sättigung und zum Abnehmen beiträgt als andere süße Zuckerquellen. Außerdem steckt es voller Antioxidanzien, die den Körper kerngesund erhalten.

Obst kann deine innere Naschkatze zähmen, falls du eine hast – und das ist ungemein hilfreich beim Bestreben, Körperfett abzubauen. Sämtliche Obstsorten sind erlaubt; ich finde nicht, dass man irgendwelche Früchte komplett verbieten muss, wie es andere Diäten tun. Die meisten meiner Klienten essen gern etwas Obst zum Frühstück, aber es kann auch zu allen anderen Mahlzeiten genossen werden, die schnellen Kraftstoff vorsehen. Obst ist auch ein guter Energiespender vor oder während des Trainings sowie danach zur Auffüllung der Glykogenspeicher. Anders als langsamer Gemüse-Kraftstoff ist Obst allerdings nicht unbegrenzt erlaubt. Obst gehört zu der Sorte Kohlenhydrate, die reguliert werden muss.

Ich weise bei Obst auch immer auf die Gefahr hin, die von Pestiziden und anderen Schadstoffen ausgeht. Bei Früchten wie Äpfeln und Beeren, die keine dicke Schale haben, solltest du Bioprodukte kaufen und sie gut waschen. Dickschalige Früchte sind durch die Schale selbst recht gut geschützt, daher braucht man meiner Meinung nach nicht unnötig Geld für Bananen oder Orangen in Bioqualität auszugeben.

Deine Auswahl an schnellem Obst

Ananas	Aprikosen	
Äpfel	Bananen	

Beeren:

Blaubeeren	Cranberrys	Himbeeren
Brombeeren	Erdbeeren	

Birnen	Mango	Pfirsiche
Grapefruit	Melonen aller Art	Pflaumen
Guaven	Nektarinen	Trauben
Kirschen	Orangen	Trockenfrüchte
Mandarinen	Papayas	

Schnelles Getreide

Anhänger der Paleo-Mode behaupten, unsere Urahnen hätten kein Getreide gegessen. Aber das taten sie – zumindest zeitweise, je nachdem, wo sie und in welcher Epoche sie lebten. Tatsächlich haben sie immer Saatfrüchte wie wilden Emmer gesammelt. Zwar wurde fast ständig gejagt, aber in vielen Fällen nur dann und wann Beute gemacht. Es gab nicht morgens, mittags, abends Mammuthaxen, ja noch nicht mal jeden Tag.

Zu oft verallgemeinern wir die Dinge und stempeln am Ende eine ganze Nahrungsmittelgruppe als »schlecht« ab. Getreideprodukte gehören mit Sicherheit zu den Lebensmitteln, die in den letzten Jahren in Verruf geraten sind. Dabei ist Getreide nicht gleich Getreide, und man sollte zwischen gutem und weniger gutem unterscheiden.

Wenn du beispielsweise ein Stück Brot mit der Hand zu einem Teigklumpen zusammenquetschen kannst, solltest du die Finger davon lassen (es sei denn, du brauchst nach dem Training einen Zucker- und Insulinschub, um erschöpfte Glykogenspeicher wieder aufzufüllen). Der Grund: Um ein solches feines Weißmehlprodukt herzustellen, werden im Mahlvorgang Kleie (die Schale) und Keim (das Fortpflanzungsorgan) des vollen Korns entfernt. Dadurch gehen Vitamine und Ballaststoffe verloren, nur schnell verwertbarer Zucker bleibt übrig. Dann werden meist noch Bleiche und andere Chemikalien zugesetzt, um das Mehl noch weicher und weißer zu machen.

Solche stark raffinierten und verarbeiteten Mehle bilden die Grundlage der allermeisten Getreideprodukte, die abgepackt im Supermarkt stehen und zu einem großen Teil für unsere Gewichts- und Gesundheitsprobleme verantwortlich sind. Aber deshalb sind nicht gleich *alle* Getreideprodukte schlecht, besonders für einigermaßen aktive und regelmäßig trainierende Menschen! Gesündere, weitaus weniger verarbeitete Getreideprodukte können durchaus ein Teil der Ernährung sein und als Kraftstoff für hartes Training und als Regenerationshilfe dienen, damit jede Kniebeuge und jeder Klimmzug maximale Effekte bringt. Meinetwegen musst du kein

Körnerhasser werden: Die richtige Auswahl ist ganz einfach.

Beim Kraftstoff-Plan gilt Getreide als schneller Kraftstoff. Von allen Nahrungsmitteln hat Getreide den höchsten Kohlenhydratanteil und birgt das größte Potenzial für Insulin- und Blutzuckerschübe. Du wirst daher nur begrenzte Mengen davon essen (sogar Vollkornbrot); ein gänzlicher Verzicht wäre unklug. Wir brauchen neben Hülsenfrüchten, Obst und Gemüse auch Vollkorngetreide unterschiedlicher Art, um das volle Spektrum an Ballaststoffen zu erhalten, das für die Gesundheit von Herz und Verdauungssystem und für die Regulation von Insulin und Glukose nötig ist. Und falls du Veganer oder Vegetarier bist, ergänzen sich die verschiedenartigen Ballaststoffe und Aminosäuren von Getreide und Hülsenfrüchten perfekt.

Wenn du Gluten vermeiden willst oder musst, dann greif zu glutenfreien Getreidearten; in der Liste weiter unten sind sie mit einem Sternchen versehen. Glutenfreie Ernährung deckt sich mit meiner Empfehlung, so zu essen, wie viele unserer Urahnen aßen. Erst vor rund zehntausend Jahren, als der Anbau von Nutzpflanzen begann, stieg der Glutengehalt unserer Ernährung dramatisch an, und in manchen Teilen der Welt wird immer noch relativ wenig Gluten verzehrt. Als Folge davon besitzen viele Menschen nicht die für die Glutenverdauung nötigen Enzyme.

Deine Auswahl an schnellem Getreide

Ein Sternchen (*) bezeichet glutenfreies Getreide.

Amarant*	Gerstengraupen	Reis*
Buchweizen*	Haferflocken	Schmelzflocken (Hafer)
Couscous (aus Hirse glutenfrei)	Hirse*	Vollkornbrot (100 % Vollkorn)
Essenerbrot (Keimbrot)	Nudeln	Vollkornreis*
Fertigmüsli	Quinoa*	Wildreis*

Schneller Kraftstoff nach dem Training

Manche Menschen sind auch in der Lage, Nahrungsmittel mit höherem Zucker- und Stärkegehalt zu verstoffwechseln. Du gehörst zu dieser Gruppe, wenn du:

- regelmäßig sehr intensiv trainierst (drei- bis siebenmal pro Woche),
- einen Beruf ausübst, den man als Schwerarbeit bezeichnen würde, beispielsweise Bauarbeiter oder
- du »Hardgainer« bist, also nur schwer an Gewicht zulegst, insbesondere an Muskelmasse.

Wenn du zu einer dieser Gruppen gehörst, tust du dir mit zuckerhaltigeren Kohlenhydraten etwas Gutes. Schnelle Kohlenhydrate erhöhen den Glukosespiegel im Blut schneller, sodass die Glykogensättigung der Muskeln optimiert und ein für die Muskelbildung günstiges Hormonmilieu geschaffen wird. Als schnelle Kohlenhydrate eignen sich beispielsweise 250 Milliliter Sportgetränk, ein Energieriegel, eine Ofenkartoffel, ein Brötchen oder ein Erdnussbutter-Fruchtaufstrich-Sandwich aus Weißbrot.

Fett-Kraftstoff

Nüsse, Saaten und andere Fettquellen

Gesättigte Fettsäuren beziehst du aus Fleisch, Omega-3-Fettsäuren aus Fisch – aber auch aus Nüssen und Saaten wirst du dich mit Fett versorgen. Nüsse enthalten viel ungesättigte Fettsäuren, zudem Ballaststoffe, Proteine und gesunde Antioxidanzien. Außerdem stecken sie voller Glutamin, einer Aminosäure, die den Abbau von Muskelmasse verhindert. Nüsse und Saaten sind auch gute Appetitzügler. (Stopf dich aber nicht damit voll, denn sie sind sehr kalorienreich!) Der Kraftstoff-Plan sieht nicht nur ganze Nüsse und Saaten vor, sondern auch Nussmus. Auch darin sind viel Proteine enthalten.

Ich empfehle dir außerdem, täglich einen Esslöffel Olivenöl, Leinöl oder Kokosöl (eine pflanzliche Quelle von gesättigten Fettsäuren) zu essen. Der Vorteil diese Öle liegt darin, dass sie nicht ohne Weiteres als Fett eingelagert werden, sondern Muskelbildung und Fettverbrennung anregen.

*Deine Auswahl an Nüssen und Saaten**

Cashewnüsse	Mandeln	Pistazien
Erdnüsse	Nussmus jeder Art	Sesamsaat
Kürbiskerne	Paranüsse	Sonnenblumenkerne
Macadamianüsse	Pecannüsse	Walnüsse

* Die Verzehrempfehlung für Nüsse und Saaten ist ungefähr eine Handvoll pro Tag, für Nussmus ein Esslöffel.

Bonus-Kraftstoff

Ich bin ein Fan von Protein-Shakes, und du kannst sie bei dieser Diät als Zwischenmahlzeit nutzen. Protein-Shakes sind so mühelos zusammengemixt, wie ich mir das Kochen immer wünsche: schnell, einfach und fast ohne Abwasch. Einfach etwas Gesundes in den Mixer schmeißen, Knopf drücken, und fertig ist die Laube. Es ist auch einwandfrei belegt, dass der Konsum von Protein-Shakes vor und nach dem Training den Muskelaufbau und die ihn begünstigenden Hormonspiegel unterstützt.

Die Protein-Shakes, die ich verwende, haben zwei Grundzutaten: milchfreie Milch (Mandel-, Kokos-, Reis- oder Sojamilch) und pflanzliches Proteinpulver. Solche Pulver werden meist aus Vollkornreis-, Erbsen-, Hanf- oder Quinoaproteinen zusammengestellt. (Wenn dir nichtpflanzliche Proteine lieber sind, empfehle ich dir Molkenproteinpulver. Molkenproteine haben fantastische Fettverbrennungs- und Muskelbildungseigenschaften.)

Diesen Grundzutaten kannst du frisches Obst oder Blattgemüse wie Spinat oder Grünkohl zugeben und das Ganze mit deiner Tagesration an Leinöl, Olivenöl oder Kokosfett ergänzen.

Bei der Auswahl eines pflanzlichen Proteinpulvers solltest du ein paar Richtlinien im Auge behalten. Erstens, schau aufs Etikett. Die allererste Zutat sollte die Proteinquelle sein. Zweitens, lies das ganze Etikett durch, um sicherzustellen, dass das Pulver weder genmanipulierte Zutaten noch Zucker, Fruchtzucker oder künstliches Aroma enthält. Drittens rate ich dir von Proteinpulver aus Soja ab. Mit der Zeit kann Soja deinen Körper hormonell aus dem Gleichgewicht bringen, und es taugt auch nicht zur Gewichtsregulierung. Mein letzter Tipp ist, im Zweifel zu einer Pulvermischung mit Bio-Zutaten zu greifen.

Im Rezeptteil ab Seite 111 warten ein paar leckere Shake- und Smoothie-Varianten auf dich, die alle mit pflanzlichem Proteinpulver zubereitet werden. Ich zeige dir auch, wie du sie in den Speiseplan einbaust.

Kraftstoff-Würzmittel

Du solltest immer eine Auswahl an diätkompatiblen Würzmitteln in Kühl- und Vorratsschrank parat haben:

Barbecue-Sauce (zuckerarm)
Essig
Fruchtaufstrich (mind. 70 % Frucht)
Honig (sehr sparsam verwenden)
Kochspray
Kräuter und Gewürze
Limettensaft
Mayonnaise (fettarm oder fettfrei)
Meerrettich
Relish
Salatdressings (fettarm oder fettfrei, am besten aus Essig, Öl und Gewürzen selbst gemixt)
Salsa
Scharfe Saucen
Senf (verschiedene Sorten)
Sojasauce (salzarm)
Steaksauce
Teriyaki-Sauce
Tomatensauce (ohne Zuckerzusatz)
Zitronensaft

Hooya!

Bist du Veganer oder Vegetarier?

Mit ein paar Tricks und Anpassungen des Kraftstoff-Plans können auch Vegetarier und Veganer diese Ernährungsweise problemlos durchziehen. Von den glorreichen Sieben passen folgende Lebensmittelgruppen in eine überwiegend pflanzliche Ernährung: Gemüse, Obst, Getreide, Nüsse und Saaten – und Eier, falls du sie als Vegetarier isst. Gute pflanzliche Proteinquellen sind unter anderem Hülsenfrüchte, Sojaprodukte wie Tofu sowie Nüsse, Nussmuse und Saaten. Im 9. Kapitel, ab Seite 140, zeige ich dir anhand von Beispielen und Speiseplänen, wie du tierische Proteine ganz einfach durch pflanzliche ersetzen kannst. Es ist für Veganer oder Vegetarier nicht schwierig, sich mit den für den Kraftstoff-Plan benötigten Proteinen und anderen Nährstoffen zu versorgen.

Bedenkliche Lebensmittel

Wie ich schon sagte, schließt meine Ernährungsweise kaum etwas aus. Und so gern ich all die guten Dinge in den Vordergrund stelle, die du essen kannst, gibt es doch auch ein paar, zu denen du auf Abstand gehen solltest. Ich nenne sie »bedenkliche Lebensmittel«.

Milchprodukte

Als Kind hatte ich verschiedene Allergien. Meine Eltern schrieben sie allesamt der vielen Milch zu, die ich trank. So bekam ich dann hauptsächlich Mandel- und Sojamilch zu trinken und für meine Frühstücksflocken. Selbst heute fühle ich mich noch leicht aufgebläht, wenn ich zu viel Milch intus habe. Als ich die Air Force verließ, litten einige meiner Kumpels an einer milden Form des Reizdarmsyndroms. Ich schlug ihnen vor, Milch- und auch Weizenprodukte wegzulassen. Nach zwei Tagen waren sie beschwerdefrei. Außerdem ist mir aufgefallen, dass mein Verdauungssystem immer dann reibungslos läuft, wenn ich viel asiatisch esse (Reis, Proteine und Gemüse), wie in der Zeit, als ich in Thailand Thaiboxen trainierte. Ist es nicht merkwürdig, dass wir die einzige Tierart sind, die die Milch einer anderen Tierart trinkt? In den meisten Gegenden der Welt ist das noch nicht lange so.

Was viele sich nicht bewusst machen, ist, dass Milchprodukte – besonders die fettarmen Varianten – starke Insulinreaktionen hervorrufen, obwohl ihr glykämischer Index niedrig ist. Das liegt daran, dass Milch und Milchprodukte Laktose enthalten: Milchzucker. Einer im *American Journal of Clinical Nutrition* veröffentlichten Studie zufolge lösen Milchprodukte eine ebenso starke oder sogar stärkere Insulinreaktion aus wie Weißbrot. Du weißt ja, dass eine zu starke Insulinreaktion die Fettanreicherung im Körper begünstigt. Ich habe die Beobachtung gemacht, dass Leute, die den Verzehr von Milchprodukten einschränken oder ganz aufgeben, oft schlanker und muskulöser werden.

Künstliche Süßstoffe

Für mich zählen auch künstliche Süßstoffe zu den bedenklichen Lebensmitteln. Sie machen nämlich fett – sogar die gelegentliche Cola light. Süßstoffe lösen viele der Körperreaktionen aus, die auch Zucker auslöst, da die Rezeptoren auf der Zunge und im Magen nicht zwischen echtem und vorgetäuschtem Zucker unterscheiden können. Sie tricksen also das Gehirn aus, sodass es nach noch mehr Süßkram und Zuckerzeug giert, und bringen den Blutzuckerspiegel durcheinander. Außerdem ist unser Körper nicht dazu gemacht, Chemikalien und andere künstliche Inhaltsstoffe zu verarbeiten. Wenn man welche aufnimmt, weiß der Körper nichts damit anzufangen. Also packt er die rätselhafte Chemikalie in Fett und lagert sie irgendwo ein, wo man sie eher nicht haben will. Zwar schlägt sich deine sorglos geschlürfte Cola light nicht in der Kalorienbilanz nieder, aber sie tut deinem Körper nicht gut.

Junkfood

So ziemlich alles, was fertig abgepackt verkauft wird (abgesehen von Vollkorngetreide) oder in buntem Plastik steckt, ist Junkfood. Das Zeug steckt voller Zucker, Transfette und Konservierungsmittel. Wenn du mehr Zucker konsumierst, als du verbrennst, bildet der Körper Fettreserven. Klümpchenweise treibt das sonnengelbe Fett – genauer: überflüssige Glukose, die in Fett umgewandelt wurde – im Blutstrom durch deine Arterien bis zu dem Organ oder dem Gewebe, wo es eingelagert wird. Dort fühlt es sich wie zu Hause, man wird fett und sieht auch so aus. So entsteht die Optik, die wir alle loswerden möchten. Auch heikel: Wenn Fett sich in Organen ansiedelt, kann es große gesundheitliche Probleme auslösen, von Herz-Kreislauf-Krankheiten über Diabetes bis hin zu regelrechtem Organversagen. Also: Weg mit dem Fertigfraß!

Fast-Food

Hüte dich auch vor Fast-Food-Gaststätten. Klar, auch ich schätze es, einen leckeren Burger durchs Autofenster gereicht zu bekommen. Und das genehmige ich mir auch ein paarmal im Jahr. Aber ich kenne Menschen, die mehrmals in der Woche Fast-Food essen, wenn nicht sogar jeden Tag, und die Softdrinks runterkippen, als gäbe es morgen keine mehr. Unsere dramatischen Gewichtsprobleme sind das Resultat unserer Fixierung auf schnelles und bequemes Essen. Wenn wir in Eile sind und etwas essen wollen, scheinen Cheeseburger und Fritten einfach verlockender als ein Salat.

Fast-Food kann auch abhängig machen. Wissenschaftler der New Yorker *Rockefeller University* fanden heraus, dass Fast-Food mit seinem versteckten Fett- und Zuckergehalt chemische Reaktionen im Gehirn entfachen kann, die zu übermäßigem Essen verleiten. Diese Reaktionen sind mit den Effekten vergleichbar, die durch Drogen wie Heroin und Kokain ausgelöst werden. Wenn es dir also mit dem Fitwerden ernst ist, solltest du Schnellimbisse nur selten mit deiner Anwesenheit beehren.

Jedes Mal, wenn du etwas isst – sei es ein Stück Käsekuchen, ein Rindersteak oder ein grüner Blattsalat –, nutzt dein Körper es entweder zur Energiegewinnung oder zur Bildung von Fettdepots. Es liegt an dir, ob das Gegessene (zusammen mit Depotfett) verbrannt oder in unansehnlich fettiger Form abgespeichert wird. Das Umschalten von Fettspeicherung auf Fettverbrennung gelingt dir, indem du den richtigen Kraftstoff aus den glorreichen Sieben wählst und deine Kalorienzufuhr systematisch hoch- und runterfährst.

Sobald du dich ein paar Wochen lang auf diese Weise ernährt hast, hast du dich automatisch an eine lebenswerte, nachhaltige Art zu essen und zu trainieren gewöhnt. Dann wirst du kaum wieder zu schlechten, fett machenden Gewohnheiten zurückkehren. Wenn du sagen kannst: »So esse ich gern!«, dann bist du auf dem richtigen Weg zu einem fitteren, schlankeren, attraktiveren Selbst.

5. Kapitel

Block für Block Fett abbauen und Muskeln bilden

Ab jetzt wirst du alle Nahrungsmittelgruppen aus den glorreichen Sieben essen, und zwar nach einem Muster, das aus sogenannten Blöcken besteht. Es gibt drei Blöcke, die so eingerichtet sind, dass du die unerwünschten Pfunde nach und nach loswirst, Woche für Woche. Durch die Anwendung der Blöcke bleibst du immer motiviert, dein Abnehmziel zu erreichen, da du einen konstanten Abnehmerfolg verzeichnen kannst. Du wirst dich auch sofort besser fühlen, weil du deinem Körper das gibst, was er will und was er braucht.

Die drei Blöcke basieren auf Kalorienzyklen (Veränderung der Kalorienzufuhr). Aber mach dir bitte bewusst, dass du keine Kalorien zählen oder Portionen berechnen musst. Stattdessen bekommst du von mir genaue Mengenangaben für alle Mahlzeiten und Snacks, sodass du nur die richtigen Lebensmittel auswählen und/oder die Speisepläne befolgen musst. Mit dem Übergang vom 3er- zum 2er- und 1er-Block isst du natürlich immer ein bisschen weniger, aber da die Speisepläne eine reichhaltige Auswahl bieten, wirst du trotzdem satt und zufrieden sein.

Die drei Blöcke sind so simpel, dass du dir praktisch nichts merken musst. Jede Mahlzeit folgt einer Formel, die vom Prinzip her eine empfohlene Kombination aus Proteinen und Kohlenhydraten ist. Reichlich Fett erhältst du aus tierischen Quellen, Nüssen und Saaten sowie wahlweise aus Öl, beispielsweise Kokos- oder Olivenöl.

Bei den Portionen gibt es Standardgrößen für Männer und Frauen, sodass du die Mengen mit etwas Übung per Augenmaß abschätzen kannst, ohne Messen und Wiegen. So kannst du den Kraftstoff-Plan auch unterwegs oder auf Reisen problemlos einhalten.

Der 3er-Block

Der 3er-Block dauert drei Wochen. In diesem Block isst du viermal am Tag schnelle Kohlenhydrate. Das Hauptziel des 3er-Blocks besteht darin, dass du dich mit den glorreichen Sieben vertraut machst und Fettabbau und Muskelbildung in Gang bringst. Im 3er-Block besteht deine tägliche Kohlenhydratration aus vier schnellen Kohlenhydratportionen und reichlich langsamen Kohlenhydraten.

Frühstücksformel:

1 Portion Proteine + 1 Portion schnelle Kohlenhydrate = idealer Frühstückskraftstoff im 3er-Block

Beispiele: Frühstück		
Proteine	**Schnelle Kohlenhydrate**	**Bonus-Kraftstoff/Würzmittel**
Rührei aus 2 Eiern	1 Portion Haferbrei	1 TL Honig (nach Wunsch)
2 Putenwürstchen	1 Scheibe Vollkorn- oder Essenerbrot	Fruchtaufstrich (nach Wunsch)
Smoothie*: 1 Portion pflanzliches Proteinpulver	4 EL Schmelzflocken	1 TL Kokosöl + 250 ml Mandelmilch

*Du kannst deinen Smoothie gern mit Obst zubereiten, das zählt dann aber als schnelles Kohlenhydrat.

Mittagsformel:

1 Portion Proteine + 1 Portion schnelle Kohlenhydrate + reichlich langsame Kohlenhydrate = idealer Mittagskraftstoff im 3er-Block

Beispiele: Mittagessen			
Proteine	**Schnelle Kohlenhydrate**	**Langsame Kohlenhydrate**	**Bonus-Kraftstoff/ Würzmittel**
1 Hähnchenbrust, gegrillt	1 Portion Vollkornreis	1 gemischter Salat	1–2 EL fettarmes Salatdressing
Thunfisch	1 Apfel	1 gemischter Salat	1–2 EL fettarmes Salatdressing
Rinderhack, mager	1 Portion Kidneybohnen	Grüne Paprika, gewürfelt	Alle Zutaten mit Tomatensauce und Gewürzen als Chili zubereitet

Abendformel:

1 Portion Proteine + 1 Portion schnelle Kohlenhydrate + reichlich langsame Kohlenhydrate = idealer Abendkraftstoff im 3er-Block

Beispiele: Abendessen			
Proteine	**Schnelle Kohlenhydrate**	**Langsame Kohlenhydrate**	**Bonus-Kraftstoff/ Würzmittel**
Rib-eye-Steak, gegrillt	Süßkartoffel, gebacken	Grüne Bohnen, gedämpft	Steaksauce
Lachs, gebacken	Kürbis	Brokkoli, gedämpft	Kräuter und Gewürze
Hähnchenschenkel, gebacken oder gegrillt	1 Portion Vollkornreis	Pfannengemüse	1–2 EL Olivenöl für das Pfannengemüse

Snackformel (1 Vormittagssnack, 1 Nachmittagssnack):

1 Portion Proteine + Nüsse und Saaten oder langsame Kohlenhydrate = idealer Snack im 3er-Block

Nach dem Training: 1 Portion Proteine + 1 Portion schnelle Kohlenhydrate

Beispiele: Snacks		
Proteine	**Schnelle Kohlenhydrate**	**Nüsse und Saaten/langsame Kohlenhydrate/Fett/Bonus-Kraftstoff/Würzmittel**
1–2 hart gekochte Eier		1 Handvoll ganze Mandeln
½ Hähnchenbrust, gegrillt	1 Scheibe Essenerbrot	
Smoothie*: 1 Portion pflanzliches Proteinpulver	4 EL Schmelzflocken oder 1 Portion Obst	1 Handvoll Spinat, 1 TL Kokosöl + 250 ml Mandelmilch

*Du kannst deinen Smoothie gern mit Obst zubereiten, das zählt dann aber als schnelles Kohlenhydrat.

Richtlinien für den 3er-Block

1. Halte dich an deine tägliche Kohlenhydratration: vier Portionen schnelle Kohlenhydrate zu den Mahlzeiten oder Snacks und so viel langsame Kohlenhydrate, wie du willst.
2. Nutze die Formeln als Richtlinie bei der Portionierung.
3. Bring Abwechslung in die Lebensmittelauswahl und verwende meine Rezepte.
4. Lasse keine Snacks oder Mahlzeiten aus, auf keinen Fall das Frühstück, sonst drohen Fressattacken.
5. Iss, bis du satt bist, nicht bis du dich voll fühlst.
6. Trink genügend Wasser.
7. Bleib drei Wochen lang im 3er-Block.

Der 2er-Block

Anfang der vierten Woche beginnt der 2er-Block. In diesem Block reduzierst du erstmals deine Kalorien- und Kohlenhydratzufuhr, indem du die schnellen Kohlenhydrate von täglich vier Portionen auf zwei Portionen einschränkst. Deine tägliche Kohlenhydratration besteht also aus zwei Portionen schnellen Kohlenhydraten und reichlich langsamen Kohlenhydraten.

Frühstücksformel:

1 Portion Proteine + 1 Portion schnelle Kohlenhydrate = idealer Frühstückskraftstoff im 2er-Block

Beispiele: Frühstück		
Proteine	**Schnelle Kohlenhydrate**	**Bonus-Kraftstoff/Würzmittel**
2 Scheiben Kochschinken	1 Portion Dinkelflakes	250 ml Mandelmilch für die Flakes
2 Putenwürstchen	1 Scheibe Vollkorn- oder Essenerbrot	Fruchtaufstrich (nach Wunsch)
Smoothie*: 1 Portion pflanzliches Proteinpulver	1 Banane	1 TL Kokosöl + 250 ml Mandelmilch

Mittagsformel:

1 Portion Proteine + 1 Portion schnelle Kohlenhydrate + reichlich langsame Kohlenhydrate = idealer Mittagskraftstoff im 2er-Block

Beispiele: Mittagessen			
Proteine	**Schnelle Kohlenhydrate**	**Langsame Kohlenhydrate**	**Bonus-Kraftstoff/ Würzmittel**
1 Hähnchenbrust, gegrillt	1 Portion Vollkornreis	1 gemischter Salat	1–2 EL fettarmes Salatdressing
Thunfisch	1 Scheibe Essenerbrot	Tomatenscheiben und Alfalfasprossen (als Sandwich-Topping)	1–2 EL fettarme Mayonnaise, mit dem Thunfisch vermischt
Rinderhack, mager	1 Portion Kidneybohnen	Grüne Paprika, gewürfelt	Alle Zutaten mit Tomatensauce und Gewürzen als Chili zubereitet

Abendformel:

1 Portion Proteine + reichlich langsame Kohlenhydrate = idealer Abendkraftstoff im 2er-Block

Beispiele: Abendessen		
Proteine	**Langsame Kohlenhydrate**	**Bonus-Kraftstoff/Würzmittel**
Schweinekotelett, gegrillt	Gelbe Zucchini und Spinat, gedämpft	Teriyaki-Sauce
Putenbrust, gebacken	Brokkoli und Blumenkohl, gedämpft	Kräuter und Gewürze
Rinderhack, mager	Zucchinistreifen	Tomatensauce ohne Zuckerzusatz, mit dem Hackfleisch verkocht und auf den Zucchinistreifen angerichtet

Snackformel (1 Vormittagssnack, 1 Nachmittagssnack):

1 Portion Proteine + Nüsse und Saaten oder langsame Kohlenhydrate = idealer Snack im 2er-Block

Nach dem Training: 1 Portion Proteine + 1 Portion schnelle Kohlenhydrate (falls nicht bereits zu einer Hauptmahlzeit gegessen)

Beispiele: Snacks		
Proteine	**Schnelle Kohlenhydrate**	**Nüsse und Saaten/Langsame Kohlenhydrate/Fett/Bonus-Kraftstoff/Würzmittel**
1–2 hart gekochte Eier		1 Handvoll ganze Mandeln
½ Hähnchenbrust, gegrillt		Stärkefreie Gemüsesticks, roh (z. B. Paprika, Gurken)
Smoothie: 1 Portion pflanzliches Proteinpulver	4 EL Schmelzflocken	1 Handvoll Spinat, 1 TL Kokosöl + 250 ml Mandelmilch

Richtlinien für den 2er-Block

1. Halte dich an deine tägliche Kohlenhydratration: zwei Portionen schnelle Kohlenhydrate zu den Mahlzeiten oder Snacks und so viel langsame Kohlenhydrate, wie du willst.
2. Nutze die Formeln als Richtlinie bei der Portionierung.
3. Bring Abwechslung in die Lebensmittelauswahl und verwende meine Rezepte.
4. Lasse keine Snacks oder Mahlzeiten aus, auf keinen Fall das Frühstück.
5. Iss, bis du satt bist, nicht bis du dich voll fühlst.
6. Trink genügend Wasser.
7. Bleib zwei Wochen lang im 2er-Block.

Der 1er-Block

In der sechsten Woche fängst du mit dem 1er-Block an. In diesem Block reduzierst du erneut deine Kalorien- und Kohlenhydratzufuhr. Deine tägliche Kohlenhydratration besteht also aus einer Portion schnelle Kohlenhydrate, die du nach dem Frühstück oder nach dem Training verzehrst, und so viel langsamen Kohlenhydraten, wie du magst.

Frühstücksformel:

1 Portion Proteine + 1 Portion schnelle Kohlenhydrate oder 1 Portion langsame Kohlenhydrate = idealer Frühstückskraftstoff im 1er-Block

Beispiele: Frühstück		
Proteine	**Schnelle Kohlenhydrate (bzw. langsame Kohlenhydrate nach Wunsch)**	**Bonus-Kraftstoff/Würzmittel**
2 pochierte Eier	½ Grapefruit	Zimt zur Grapefruit
2 Putenwürstchen	1 Scheibe Vollkorn- oder Essenerbrot, getoastet	Fruchtaufstrich (nach Wunsch)
Smoothie*: 1 Portion pflanzliches Proteinpulver	150 g Beeren	1 TL Kokosöl + 250 ml Mandelmilch

Mittagsformel:

1 Portion Proteine + langsame Kohlenhydrate = idealer Mittagskraftstoff im 1er-Block

Beispiele: Mittagessen		
Proteine	**Langsame Kohlenhydrate**	**Bonus-Kraftstoff/Würzmittel**
Hähnchenbrust, gegrillt	Romanasalat mit Salatgemüse	1–2 EL fettarmes Salatdressing
Garnelen, gekocht	Gurkenscheiben	Kräuter und Gewürze
Thunfisch	Kopfsalat mit Salatgemüse	1–2 EL fettarmes Salatdressing

Abendformel:

1 Portion Proteine + langsame Kohlenhydrate (stärkefrei) = idealer Abendkraftstoff im 1er-Block

Beispiele: Abendesssen		
Proteine	**Langsame Kohlenhydrate**	**Bonus-Kraftstoff/Würzmittel**
Steak aus der Hochrippe	Blumenkohlstampf mit gekochten grünen Bohnen	Kräuter und Gewürze
Tilapia, gebacken	Zucchini, gekocht	Kräuter und Gewürze
Frikadelle vom Rind, mager	Aubergine, gebacken, dazu gemischter Salat	Tomatensauce ohne Zuckerzusatz zur Aubergine, 1–2 EL fettarmes Salatdressing

Snackformel (1 Vormittagssnack, 1 Nachmittagssnack):

1 Portion Proteine + Nüsse und Saaten oder langsame Kohlenhydrate = idealer Snack im 1er-Block

Beispiele: Snacks		
Proteine	**Langsame Kohlenhydrate**	**Nüsse und Saaten/Fett/ Bonus-Kraftstoff/Würzmittel**
1–2 hart gekochte Eier		1 Handvoll ganze Mandeln
½ Hähnchenbrust	Frisch gepresster Gemüsesaft	
Smoothie*: 1 Portion pflanzliches Proteinpulver	1 Handvoll Spinat	1 TL Kokosöl + 250 ml Mandelmilch

Richtlinien für den 3er-Block

1. Halte dich an deine tägliche Kohlenhydratration: eine Portion schnelle Kohlenhydrate zu den Mahlzeiten oder Snacks und so viel langsame Kohlenhydrate, wie du willst.
2. Nutze die Formeln als Richtlinie bei der Portionierung.
3. Bring Abwechslung in die Lebensmittelauswahl und benutze meine Rezepte.
4. Lasse keine Snacks oder Mahlzeiten aus, auf keinen Fall das Frühstück.
5. Iss, bis du satt bist, nicht bis du dich voll fühlst.

6. Trink genügend Wasser.
7. Bleib eine Woche lang im 1er-Block.
8. Wiederhole anschließend den Kraftstoff-Kalorienzyklus: drei Wochen lang 3er-Block, zwei Wochen 2er-Block und eine Woche 1er-Block. Fahre mit den Kalorienzyklen fort, bis du dein Wunschgewicht erreicht hast.

Du willst zunehmen?

Manch anderer wird wünschen, er hätte dein Problem. Den meisten Menschen fällt das Zunehmen leicht. Aber manche – darunter auch Sportler – tun sich damit schwer. Um an Muskelmasse zuzulegen, muss man mehr Kalorien aufnehmen, als man verbraucht.

Der erste Schritt bei der Gewichtszunahme ist, täglich mehr Kalorien zu sich zu nehmen als gewohnt, und zwar zwischen 500 und 1000 kcal zusätzlich – zumindest so lange, bis man zunimmt. Grobe Faustregel: Um ein Pfund Muskelmasse zu bilden, muss man rund 30 kcal pro 500 Gramm Körpergewicht zusätzlich zu sich nehmen. Wenn du also beispielsweise 1,83 Meter groß bist und nur 65 Kilo wiegst, musst du mindestens 3.900 kcal am Tag essen. Um das zu erreichen, solltest du im 3er-Block bleiben. Damit umfasst dein Speiseplan drei Hauptmahlzeiten und mindestens zwei Snacks. Um die Kalorienaufnahme zu erhöhen, nimm als Zwischenmahlzeit noch einen zusätzlichen hochkalorischen Smoothie zu dir (Rezepte findest du ab Seite 111). So kannst du auf einfache Weise viele Extrakalorien aufnehmen. Nach dem Training musst du dir auf jeden Fall schnelle Kohlenhydrate gönnen. Mach dir das Essen zu einem angenehmen Nebenjob – nur so stellst du sicher, dass du deine Glykogenvorräte immer gut auffüllst und die Muskeln im anabolen Zustand bleiben.

Was die Proteine betrifft, solltest du zu jeder Mahlzeit und jedem Snack etwas davon verzehren. Um zuzunehmen, musst du am Tag bis zu 3 Gramm Proteine pro Kilo Körpergewicht zu dir nehmen. Proteine sind unerlässlich für die Muskelbildung!

Trainieren solltest du regelmäßig, und zwar hauptsächlich Krafttraining zum Aufbau von Muskelmasse.

Behalte bei alldem dein Verhältnis von Muskelmasse und Körperfett im Auge. Wenn du merkst, dass du mehr an Fett zulegst, als dir angenehm ist, kannst du in den 2er-Block wechseln, bis das Fett wieder weg ist. Wenn du andererseits gar keine Gewichtszunahme feststellen kannst, solltest du lieber mit dem 3er-Block weitermachen und die Kalorienaufnahme noch mehr steigern, beispielsweise durch stärkeren Proteinverzehr, einen zusätzlichen Snack oder eine oder zwei Extraportionen schnelle Kohlenhydrate zu den Mahlzeiten.

Bedenke, dass du unweigerlich etwas Körperfett draufpacken wirst, wenn du ordentlich Muskelmasse aufbauen möchtest. Mach dir deswegen keinen Kopf. Achte nur darauf, dass du genug isst und kräftiger wirst. Wenn die Muskulatur dann da ist, verlagerst du den Schwerpunkt auf den Fettabbau, damit die Muskeln auch vorzeigbar werden. Dazu wechselst du in den 2er- oder sogar in den 1er-Block.

Masseaufbau kann leichter sein, als du glaubst, wenn du es richtig machst: reichlich Proteine, schnelle und langsame Kohlenhydrate genießen, oft essen und intensiv trainieren. Wenn du dich an diese Punkte hältst, wirst du merken, dass sich die Mühe lohnt.

Der Kraftstoff-Plan im Überblick

3er-Block (3 Wochen): Täglich 4 Portionen schnelle Kohlenhydrate und reichlich langsame Kohlenhydrate, dazu Proteine satt	
Frühstück	Proteine + schnelle Kohlenhydrate
Mittag	Proteine + schnelle Kohlenhydrate + reichlich langsame Kohlenhydrate
Abend	Proteine + schnelle Kohlenhydrate + reichlich langsame Kohlenhydrate
Snack 1	Proteine + schnelle Kohlenhydrate (nach dem Training) *oder* Nüsse und Saaten *oder* langsame Kohlenhydrate
Snack 2	Proteine + langsame Kohlenhydrate
2er-Block (2 Wochen): Täglich 2 Portionen schnelle Kohlenhydrate und reichlich langsame Kohlenhydrate, dazu Proteine satt	
Frühstück	Proteine + schnelle Kohlenhydrate
Mittag	Proteine + schnelle Kohlenhydrate + reichlich langsame Kohlenhydrate
Abend	Proteine + reichlich langsame Kohlenhydrate
Snack 1	Proteine + schnelle Kohlenhydrate (nach dem Training, falls nicht bereits zu einer Hauptmahlzeit eingenommen) *oder* Nüsse und Saaten *oder* langsame Kohlenhydrate
Snack 2	Proteine + langsame Kohlenhydrate
1er-Block (1 Woche): Täglich 1 Portion schnelles Kohlenhydrat und reichlich langsame Kohlenhydrate, dazu Proteine satt	
Frühstück	Proteine + schnelle Kohlenhydrate *oder* langsame Kohlenhydrate
Mittag	Proteine + reichlich langsame Kohlenhydrate
Abend	Proteine + reichlich langsame Kohlenhydrate
Snack 1	Proteine + Nüsse und Saaten *oder* langsame Kohlenhydrate
Snack 2	Proteine + langsame Kohlenhydrate

Lass dich nicht dazu hinreißen, weniger zu essen, Mahlzeiten auszulassen oder zu viel zu trainieren – das alles führt nur zu Muskelabbau und boykottiert deine Pläne. Du musst alles in deiner Macht Stehende tun, um dem Muskelabbau beim Abnehmen entgegenzuwirken. Denk daran, es geht nicht nur ums Abnehmen. Es geht um die Körperzusammensetzung – weniger Fett, mehr Muskulatur. Halte dich an die Blöcke, dann schaffst du es.

6. Kapitel

Woche null – der Einstieg!

Ich will, dass du absolut bereit bist für dieses Programm – nicht etwa, dass du meinst, du »solltest« es machen. Nein, ich möchte, dass du innerlich entschlossen bist, fit zu werden und zu bleiben, und dass du weißt, dass genau jetzt der richtige Zeitpunkt dafür ist. Hast du dich beispielsweise ausgiebig damit beschäftigt, welche bedenklichen Lebensmittel du eine Zeit lang aufgeben willst? Und von welchen Lebensmitteln du mehr essen wirst? Ob du, falls du viel auswärts isst, bereit bist, auf übermäßiges Schlemmen im Restaurant zu verzichten? Hast du bereits gesundheitsfördernde Änderungen an deiner Lebensweise ausprobiert, um herauszufinden, ob du damit leben kannst? Hast du wirklich den Unterschied begriffen zwischen einem Wunsch und der Bereitschaft, dafür einen Preis zu bezahlen?

Sich in einen Zustand totaler Bereitschaft zu versetzen ist etwas, das beim Militär in der sogenannten *zero week*, »Woche null«, passiert. Die Woche null heißt so, damit die härteren Ausbildungseinrichtungen sich mit »vierwöchigen« Schnellkursen brüsten können, obwohl die Kurse in Wirklichkeit länger dauern. Ich weiß noch, als ich bei der Tauchschule der Special Forces in Key Largo in Florida antrat, in der Elitesoldaten die körperlich härtesten Militärtechniken trainieren. Es hieß, es wäre nur ein vierwöchiger Kurs. Mein ganzer Mut ging flöten, als ich erfuhr, dass der Kurs tatsächlich fünf Wochen dauerte!

Die erste Woche hieß Woche null. Die Ausbilder führten eine qualvolle Reihe von Prüfungen im Schwimmbecken mit uns durch. Eine der Prüfungen verlangte von uns, mit einem Atemzug 50 Meter weit zu tauchen. Wir durften weder den Beckenrand berühren noch Luft holen. Aber die schlimmste Prüfung nannte sich *downproofing*. Die Ausbilder fesselten uns an Händen und Füßen mit Klettband und schmissen uns in Wasser. Wir mussten so lange im tiefen Wasser ab- und auftauchen, bis der Befehl zum Aufhören kam. Wer die Klettbänder löste oder den Beckenrand berührte, hatte versagt. Ich dachte die ganze Zeit: »Warum tu ich mir das eigentlich an?«

Die Woche null war dazu gedacht, diejenigen auszusortieren, die nicht das Zeug zum Kampftaucher hatten. Dieser Kurs war einer der härtesten, die ich je durchgemacht habe. Ich bin froh, ihn gemacht zu haben, war aber auch froh, als er vorbei war.

Ich möchte den Kraftstoff-Plan ebenfalls mit einer Woche null beginnen. Keine Angst – du musst nicht tauchen und dich auch nicht mit gefesselten Händen und Füßen über Wasser halten! Aber dieses Konzept kann dir helfen, besser in die Diät hineinzukommen. Und es hat natürlich den Sinn, dir alles so leicht wie möglich zu machen.

Meine Woche null gibt dir Zeit, dich auf dein Vorhaben zu konzentrieren, dich in bestimmten Dingen zu fordern – und zu entdecken, dass du mehr kannst, als du glaubst. Ich möchte, dass du dich systematisch auf die kommende tief greifende Änderung deiner Ernährungsgewohnheiten vorbereitest, mental und körperlich.

In der Woche null geht es um Einzelschritte. Aus meiner Arbeit mit Menschen aus der ganzen Welt weiß ich, dass langsame, kleine Schritte am besten geeignet sind, um sich vorzubereiten und letztendlich Dinge zu ändern. Fang daher also nicht unvorbereitet an. Ohne ausgiebige Vorbereitung würdest du ja auch eine Autoreise oder eine neue Geschäftsstrategie nicht angehen. Wieso solltest du dann eine der wichtigsten Maßnahmen, die du für deine Gesundheit ergreifen kannst, ohne ein ähnliches – wenn nicht höheres – Maß an Überlegung und Sorgfalt in Angriff nehmen?

Die Woche null beginnt *jetzt.* Führe in dieser Woche die folgenden Schritte durch:

Tag 1: Keine Kalorien mehr trinken

Wenn man mithilfe einer Diät abnehmen will, ist es ganz logisch, das zu hinterfragen, was auf dem Teller liegt. Aber es ist ebenso wichtig, darüber nachzudenken, was man sich eingießt. Flüssige Kalorien können für das Gewicht schlimmer sein als jede feste Nahrung. Mit flüssigen Kalorien meine ich Softdrinks und Limonade ebenso wie alkoholische Getränke, Fruchtsäfte, Schorlen und alles, was mit Zucker gesüßt ist. Softdrinks sind besonders schlimm und gehören zu den Getränken, die wirklich dick machen. Eine einzige Dose Cola am Tag kann übers Jahr fast sechs Kilo Fettpolster ergeben. Softdrinks sind mit die größte Zuckerquelle in unserer Ernährung, sie liefern ein Drittel des gesamten unserer Nahrung zugesetzten Zuckers.

Es häufen sich wissenschaftliche Beweise dafür, dass der Körper die mit Flüssigkeit aufgenommenen Kalorien nicht in der gleichen Weise wahrnimmt wie die aus fester Nahrung. Eine 2008 in der Fachzeitschrift *Obesity Reviews* veröffentlichte Studie legt nahe, dass unser appetitregulierendes Hormonsystem Flüssigkeiten anders registriert als feste Nahrung. Das Problem besteht darin, dass Flüssigkeiten den Ghrelinspiegel (ein Hunger auslösendes Hormon) nicht so effektiv senken, wie es feste Nahrung tut. Daher hat man womöglich immer noch Hunger, obwohl man etwas getrunken hat. Ohne die richtigen appetitzügelnden Signale isst man unter Umständen zu viel und nimmt dann noch mehr Kalorien auf. Genau das wurde in der bahnbrechenden *Nurses' Health Study* beobachtet, bei der mehr als 50 Frauen acht Jahre lang begleitet wurden. Es zeigte sich, dass Frauen, die den Konsum zuckerhaltiger Getränke einschränkten, automatisch im Schnitt 319 kcal am Tag einsparen konnten – und so an Gewicht verloren. Andere Frauen, die ihren Genuss zuckriger Getränke von einem Getränk pro Woche auf eines oder mehr am Tag steigerten, konsumierten täglich 385 kcal extra und *nahmen zu.*

Ab heute gilt also: erst denken, dann trinken. Ein paar Tipps:

- Lass Softdrinks weg – auch Light-Versionen.
- Trink mehr Wasser: Leitungswasser (möglichst filtern, um Schadstoffe und Verunreinigungen zu entfernen), stilles Mineralwasser oder solches mit Kohlensäure. Du kannst es

dir mit Zitronen- oder Limettensaft oder ein paar Gurkenscheiben schmackhafter machen. Dein Tagessoll sind zwei Liter Wasser.

- Wenn du dir Saft auspressen möchtest, solltest du hauptsächlich Gemüse verwenden – pro Portion um die 250 Gramm.
- Fruchtsaft solltest du nicht trinken. Damit nimmst du zu viel zuckrige Kalorien auf, und außerdem hältst du damit dein Verlangen nach Süßem wach.
- Mach dir Kräutertee. Tee ist eine tolle Möglichkeit, dich mit Wasser zu versorgen. Darüber hinaus liefert er auch Nährstoffe und hält gesund. Kamillentee schützt beispielsweise vor Keimen und wirkt krampflösend. Pfefferminztee wirkt antiviral, macht freie Radikale unschädlich und beugt Tumoren vor. Und Grüntee enthält mehr Antioxidanzien als viele Gemüsesorten.
- Hüte dich vor aromatisiertem Mineralwasser. Diese neuartigen Produkte sind nicht immer kalorienfrei und können künstliche Süßstoffe enthalten.
- Falls du Alkohol trinkst, trink ihn diese Woche in Maßen. Für Frauen bedeutet das ein Getränk am Tag, für Männer zwei. Wenn du mehr als das trinkst, lebst du mit erhöhtem Unfall- und Gesundheitsrisiko. Außerdem kommen beim Runterkippen von Wein, Bier und Cocktails schnell jede Menge Kalorien zusammen.

Tägliche Checkliste für die Woche null

Heute:

✓ habe ich flüssige Kalorien vermieden.

Tag 2: Täglich einen Blattsalat essen

Als eines der gesündesten Gerichte überhaupt hilft Salat nicht nur beim Fettabbau, sondern hält auch viele Zivilisationskrankheiten in Schach. Das liegt daran, dass Blattsalate wie Romanasalat, andere Kopfsalate, Spinat, Rucola, Grünkohl, Pak Choi, Weißkohl und Mangold wahre Supernahrungsmittel sind. Ihnen werden alle möglichen positiven gesundheitlichen Wirkungen nachgesagt, von besserer Herzgesundheit bis hin zum Schutz vor Osteoporose. Blattgemüse ist kalorienarm und ballaststoffreich, daher eignet es sich hervorragend zur Gewichtsregulierung. Außerdem ist es reich an pflanzlichen Nährstoffen, Vitaminen und Mineralien. Diese blättrigen Gesundmacher muss man einfach lieben.

Wer als Vorspeise einen Salat isst, spart automatisch Kalorien. Forscher der Pennsylvania State University haben herausgefunden, dass Testpersonen, die ihr Mittagessen mit einem gesunden Salat begannen (drei Handvoll), insgesamt weniger Kalorien zu sich nahmen (obwohl der Hauptgang ein reichhaltiges Nudelgericht war!).

Und so setzt du diese motivierenden Fakten in die Tat um:

- Iss als ersten Gang beim Mittag- oder Abendessen einen großen Salat (zwei bis drei Handvoll Blattsalat und Salatgemüse). Wenn du das jeden Tag machst, bekommst du gleich schon mal einen Schwung langsame Kohlenhydrate.

- Stelle dir deinen Salat aus vielen verschiedenen Blattgemüsen zusammen. Auf diese Weise nutzt du den phänomenalen Nährstoffreichtum von grünem Blattgemüse voll aus.
- Vorsicht bei Zutaten wie Croutons, Speckwürfeln, Nüssen, Käse und Sahnedressings. Wenn du so einen Salat mit allem Drum und Dran isst, kannst du dir auch gleich einen Cheeseburger holen (wehe!).
- Verfeinere deinen Salat mit ein, zwei Esslöffeln fettarmem oder fettfreiem Dressing, oder – noch besser – such dir auf MarkLauren.com ein Dressingrezept zum Selbermachen aus.
- Verwende immer wieder unterschiedliche Salatsorten oder Blattgemüse als Basis. Probier zum Beispiel mal Spinat.
- Mach dir einen Salat als Hauptgang: Gib einem Haufen grünem Salat etwas Thunfisch oder magere Fleischstreifen mit schwarzen Bohnen oder Mais zu und vermenge das Ganze mit fettarmem Salatdressing.

Tägliche Checkliste für die Woche null

Heute:

✓ habe ich flüssige Kalorien vermieden.
✓ habe ich einen Salat gegessen.

Tag 3: Speiseplan für die erste Woche aufstellen

Das Abnehmen und Fitwerden fällt leichter, wenn man einen guten Plan hat. Ohne einen Plan kann man's vergessen. Geplante Mahlzeiten erleichtern die Kontrolle über die Essensaufnahme, holen die Ernährung aus dem Reich der Spekulation und helfen bei der Vermeidung von spontaner, unkontrollierter, ungesunder Schlemmerei.

Eine planvolle Vorgehensweise kann deinen Abnehmerfolg möglicherweise verdoppeln. Eine 2008 an 1700 Übergewichtigen vorgenommene Studie, die im *American Journal of Preventive Medicine* erschien, ergab, dass Diäthaltende, die ihre Nahrungsaufnahme beständig aufzeichneten, doppelt so viel an Gewicht verloren wie diejenigen, die im zwanzigwöchigen Untersuchungszeitraum nichts notierten.

Fang heute damit an. Setz dich hin und schreib deine Mahlzeiten und Snacks für Woche 1 auf.

Die Vorgehensweise ist ganz einfach:

- Blättere vor bis Seite 77 und lies den dort vorgeschlagenen Speiseplan für Woche 1 im 3er-Block durch. Du kannst diesen Speiseplan natürlich so, wie er ist, befolgen, wenn du möchtest. Viele Leute befolgen lieber einen vorgegebenen Speiseplan, weil dann keine Fragen und Zweifel aufkommen. Ein vorgegebener Plan hilft dir auch, dich an die Diät zu gewöhnen.
- Du hast aber auch die Möglichkeit, deinen eigenen Plan nach den Kraftstoff-Richtlinien aufzustellen. Im Anhang findest du dafür ein Speiseplan-Formular (ab Seite 201). Je mehr du ins Detail gehst, desto bessere Ergebnisse wirst du erzielen – das ist wissenschaftlich erwiesen. Forscher vom Weight Control and Diabetes

Research Center der Brown University in Providence untersuchten zwei Gruppen von Frauen, die Essenstagebücher führten. Die Frauen der einen Gruppe führten sehr detailliert Buch über alles, was sie aßen; die andere Gruppe zeichnete weniger Einzelheiten auf. Die Frauen mit den penibleren Tagebüchern nahmen doppelt so viel ab wie die, die kürzere, weniger ausführliche Journale schrieben.

- Entscheide dich für eine Kombination aus den beiden vorigen Tipps. An manchen Tagen kannst du dich strikt an meinen Speiseplan halten. An anderen planst du auf eigene Faust. Diese Vorgehensweise gibt dir eine Struktur vor, gewährt dir aber auch Flexibilität. Mein Speiseplan ist so flexibel, wie du ihn dir machst.

Denk immer daran, dass das Aufstellen und Niederschreiben von Speiseplänen eine bewährte, fundierte Methode zur Kontrolle deiner Nahrungsaufnahme und zur Änderung deines Essverhaltens ist.

Tägliche Checkliste für die Woche null

Heute:

✓ habe ich flüssige Kalorien vermieden.
✓ habe ich einen Salat gegessen.
✓ habe ich einen detaillierten Speiseplan für die Woche 1 im 3er-Block aufgestellt.

Tag 4: Küche entmüllen

Jetzt möchte ich, dass du sämtlichen Industriefraß aus Kühlschrank und Vorratskammer wegschmeißt. Wenn sich der Inhalt deiner Küchenschränke nicht ändert, wirst du mit großer Wahrscheinlichkeit früher oder später seinen gesundheitsschädlichen Verlockungen erliegen.

Schau dir die Etiketten an und wirf alles weg, was Glukose-(Fruktose-)Sirup oder einen sonstigen Zuckerzusatz, gehärtetes Fett (Transfett), künstliche Aroma-, Farb- oder Konservierungsstoffe oder andere fragwürdige oder unaussprechliche Zusatzstoffe enthält. Dazu gehören Kekse, Chips und Snackprodukte.

Wenn du schon dabei bist:

- Schau auf das Mindesthaltbarkeitsdatum. Wirf alles weg, was abgelaufen ist, außerdem alles, was du selten brauchst und was bald abläuft.
- Mach die die Regalflächen sauber, aus Gründen der Hygiene und zum Schutz deiner Lebensmittel. Wisch alle Flächen vor dem Einräumen mit einem sanften, lebensmittelverträglichen Reiniger, um Schmutz und Keime zu entfernen.

Aus den Augen, aus dem Mund: Möglich, dass du schon in der Woche null ein Kilochen abnimmst, indem du deine Küche ausräumst und dadurch dem dick machenden Junkfood aus dem Wege gehst.

Tägliche Checkliste für die Woche null

Heute:

✓ habe ich flüssige Kalorien vermieden.
✓ habe ich einen Salat gegessen.
✓ habe ich einen detaillierten Speiseplan für die Woche 1 im 3er-Block vorliegen.
✓ habe ich meine Küche entmüllt – und werde keinen Industriefraß mehr ins Haus lassen.

Tag 5: Ziele aufschreiben

Am Beginn jedes neuen Jahres und dann wieder zur Jahresmitte schreibe ich meine Ziele auf: was ich erreichen will – seien es zukünftige Verdienstmöglichkeiten oder sportliche Leistungen. Sich Ziele zu setzen wird häufig versäumt. Ich will dir dieses Versäumnis ersparen, und daher machen wir uns jetzt ans Zielesetzen.

- Geh beim Zielesetzen vom Endergebnis aus. Beim Militär werden Einsätze von hinten nach vorne geplant, also auf der Zeitleiste rückwärts. Man beginnt mit den letzten Maßnahmen und plant von dort aus rückwärts, nachdem man genau definiert hat, was der Sinn und Zweck des Einsatzes ist, welche Kriterien für seinen Erfolg erfüllt sein müssen und wie diese Kriterien zu erfüllen sind. Dann ist die Ausführung nur noch eine Frage des Willens. Mit diesem Buch hast du bereits einen fundierten Ernährungsplan in der Hand und dazu noch ein Trainingsprogramm, das dich in Topform bringen wird. Ein Ziel zu erreichen ist viel leichter, wenn man ein klares Bild dieses Ziels vor Augen hat. Mach dir ein Bild davon, wie du aussehen willst. Dazu ist es hilfreich, ein Foto eines physisch fitten Menschen mit ähnlichem Körperbau zu finden. Stell dir vor, dass du so aussiehst wie dieser Mensch. Dadurch legst du dir im Kopf ein Endergebnis fest. Durch richtige Ernährung und regelmäßiges Training erreichst du dein Ziel.
- Sei konkret. Vielleicht hast du das Ziel, fitter, schlanker und sportlicher zu werden oder dich gesünder zu ernähren, aber das ist viel zu vage. Du musst näher ranzoomen, ins Detail gehen und Ziele definieren, die messbar und realistisch sind. Nimm beispielsweise das Ziel abzunehmen. Fass den Entschluss, wie viel Körpergewicht du aufs Kilo genau abnehmen willst, und leg dir dafür einen Zeitrahmen (also wie lange es dauern soll) und ein Zieldatum fest. Wenn du dein Trainingspensum erhöhen willst, dann leg fest, wie oft du in der Woche trainieren willst. Spezifische, messbare Ziele motivieren dich und geben dir die Möglichkeit, deinen Fortschritt einzuschätzen.
- Nimm dir für jeden Tag umsetzbare Strategien vor. Deine Ziele erreichst du mit regelmäßigen, täglich durchgeführten Maßnahmen. Diese Maßnahmen kannst du als Miniziele betrachten, die auf dein großes Ziel hinführen. Ein paar Beispiele für Miniziele: *Heute esse ich drei bis fünf Portionen langsame Kohlenhydrate. Heute trinke ich zwei Liter Wasser. Heute trainiere ich.* Du musst daher deinen Tag planen, bevor er beginnt. Zerteile deine großen Ziele in umsetzbare Einzelschritte und Maßnahmen. Schreib sie dir für jeden Tag auf – und halte dich daran. Miniziele verhindern,

dass du dich überfordert fühlst, denn mit jedem vollbrachten Einzelschritt spürst du, wie du vorankommst. Ich schreibe meine To-do-Liste für den nächsten Tag am liebsten abends vor dem Schlafengehen.

- Analysiere deine Ausreden und finde Lösungen. Jeder von uns benutzt immer wieder Ausreden, um Diäten oder Trainingsprogramme abzublasen. Oft werden die Ausreden wichtiger als die selbstgesetzten Ziele. Folgende Ausreden bekomme ich öfter zu hören:
  - *Richtig essen ist zu umständlich.*
  - *Dazu fehlt mir die Energie.*
  - *Gemüse schmeckt fade.*
  - *Ich kriege meinen Appetit nicht in den Griff.*
  - *Ich habe keine Lust.*
  - *Ich fange morgen an oder nächste Woche.*

Natürlich sind diese Ausreden kompletter Unsinn, und wenn du an sie glaubst, halten sie dich vom Erreichen deiner Ziele ab. Ich empfehle dir, deine Ausreden aufzuschreiben und dann Gegenstrategien herauszufinden. Wenn du zum Beispiel keine Zeit zum Trainieren hast, könnte deine Gegenstrategie sein, deine Workouts im Kalender einzutragen wie andere Termine auch – und diese Termine dann einzuhalten. Vergiss nicht, dass meine Workouts zeitsparend sind. Wer hat denn bitte schön keine Zeit für zwanzig, dreißig Minuten Training dreimal die Woche? Meine Workouts kann man überall machen! Oder: Wenn du ungern Gemüse isst, könntest du es auf neue Art zubereiten, beispielsweise mit Olivenöl und Kräutern im Ofen gebacken. Wenn schlechte Laune und Stress bei dir als Ausrede für Fressattacken herhalten, könntest du Entspannungstechniken lernen. Für jede Ausrede gibt es eine Lösung!

Auf jeden Fall musst du deine Ziele, täglichen Maßnahmen und Ausreden aufschreiben. Das macht sehr wenig Mühe und bringt dich einem langen, gesunden und fitten Leben näher.

Tägliche Checkliste für die Woche null

Heute:

✓ habe ich flüssige Kalorien vermieden.
✓ habe ich einen Salat gegessen.
✓ habe ich einen detaillierten Speiseplan für die Woche 1 im 3er-Block vorliegen.
✓ habe ich keinen Industriefraß ins Haus gelassen.
✓ habe ich meine Ziele aufgeschrieben.

Tag 6: Einkaufen und zubereiten

Nimm dir deinen Speiseplan vor und stell eine Einkaufsliste mit den Lebensmitteln auf, die du für die erste Woche brauchst. Wenn du dich für meinen Speiseplan entschieden hast, kannst du die angehängte Einkaufsliste verwenden. Denk auch an Artikel wie die empfohlenen Würzmittel und Bonus-Kraftstoffe. Das meiste davon findest du im nächsten Supermarkt. Bevorrate dich auch mit frischen Kräutern und Gewürzen wie Ingwer, Frühlingszwiebeln und Koriander. Allein damit peppst du jede Mahlzeit auf. Kauf nach Möglichkeit Bio-Lebensmittel, um chemische Zusatzstoffe, Konservierungsmittel, Hormone und Pestizide zu vermeiden. Halte dich an die Liste.

Führe als Nächstes ein Wochenendritual ein, zu dem nicht nur das Einkaufen, sondern auch das Zubereiten und Verpacken eines Großteils deines Wocheneinkaufs gehört. Ich rate dir, möglichst gleich nach dem Einkauf mit dem Zubereiten anzufangen. Wenn der Einkauf erst im Kühlschrank ist, vergisst du womöglich das Zubereiten oder suchst dir eine Ausrede, um es auszulassen.

Durch die zeitige Zubereitung bekommst du reihenweise »Fertiggerichte«. Zwar macht das Zubereiten der Mahlzeiten im Voraus etwas Mühe, aber es erspart dir einen Riesenhaufen Geld, Zeit und Sorge wegen vermeidbarer Krankheiten. Wenn dir das Selberkochen zu unbequem ist, dann überleg mal, wie unbequem Diabetes, Herzkrankheit und Krebs sein müssen.

Das sind meine Vorschläge für eine Woche voller bequemer Mahlzeiten:

- Schäle und zerkleinere Karotten und anderes Salatgemüse, sodass es einsatzbereit ist.
- Um bei der Salatzubereitung Zeit zu sparen, kannst du auch losen Blattsalat und küchenfertiges Salatgemüse kaufen oder dich im Supermarkt an der Salatbar bedienen.
- Mach dir Salat im Voraus. Schichte die Zutaten in einen tiefen Plastikbehälter. Leg das Fleisch immer unten rein, damit das Gemüse durch den Saft oder den Druck des Fleisches nicht braun wird. Darüber schichtest du die grünen Zutaten von schwer bis leicht: Gurken, Karotten, Blattsalat und so weiter. Ich mache mir meist mein Dressing selbst (siehe Rezeptteil). Etwas davon gebe ich in ein verschließbares Plastiktütchen, lege es oben in den Behälter und mache den Deckel zu. So bekomme ich ganz einfach einen Fertigsalat.
- Mariniere gleich nach dem Einkauf alle Fleischstücke mit frischen oder getrockneten Kräutern und Gewürzen. Dann kann das Aroma einziehen.
- Grille, backe oder gare sämtliche Fleischstücke für die erste Wochenhälfte. Pack den Rest des Fleisches portionsweise ein und leg es ins Gefrierfach. So hast du immer das zur Hand, was du brauchst. In der Wochenmitte kannst du dann Fleisch auftauen und für den Rest der Woche zubereiten. Gegartes Fleisch solltest du in Plastikbehältern aufbewahren, und zwar nach Fleischsorten getrennt.
- Wasche und zerkleinere gleich nach dem Einkauf sämtliches Gemüse. Gare es in großen Mengen und friere es ein. Zu den Mahlzeiten brauchst du es dann nur noch zu erwärmen. So machst du es auch mit Tiefkühlgemüse.
- Backe Kartoffeln, Süßkartoffeln und Ähnliches in Mengen und bewahre sie in einem großen Behälter auf. Wenn dir die Zeit zum Backen fehlt, kannst du die Kartoffeln auch waschen, einstechen und in einem mikrowellengeeigneten Behälter zusammen mit etwas Wasser abgedeckt in der Mikrowelle auf höchster Stufe garen (pro Kartoffel etwa fünf Minuten lang).
- Plane deine Snacks. Packe Nüsse, Gemüse und Obst portionsweise in wiederverschließbare Gefriertüten. Nimm sie mit, wenn du Besorgungen machst. So vermeidest du, dass der Hunger dich in Fast-Food-Restaurants treibt oder dass dir beim Anblick von Chipswerbung das Wasser im Munde zusammenläuft.
- Lerne kochen. Kochen kann für Neulinge als Herausforderung scheinen, aber Übung macht hier wie überall den Meister. Mit ein bisschen mehr Erfahrung wirst du halb so viel Zeit zum

Kochen brauchen und meine Rezepte deinem Geschmack anpassen können. Scheu dich nicht vor Fehlern und Experimenten. Durch Versuch und Irrtum lernst du eine Menge. Es geht ja nicht um Leben und Tod, in der Küche entscheidest du nicht über Luftangriffe. Es tut gut, aus Fehlern zu lernen.

Mit ein bisschen Übung wird dir diese Art der Essenszubereitung zur zweiten Natur.

Hooya!

Regional einkaufen ist oft am billigsten und gesündesten

Es ist für die Gesundheit von großer Bedeutung, wie unsere Lebensmittel angebaut oder gehalten werden und wie sie in unsere Hände gelangen. Was Preis, Nährwert und Geschmack angeht, sind kürzere Transportwege günstiger als längere. Und die Fressalien mit dem kürzesten Transportweg findest du auf dem Wochenmarkt, wo du unter Umständen sogar die Leute kennenlernen kannst, die dein Essen anbauen.

Im Gegensatz dazu sind die meisten Lebensmittel in den Vereinigten Staaten durchschnittlich 2400 Kilometer unterwegs, bis sie auf dem Teller landen. Das hat das Center for Urban Education about Sustainable Agriculture herausgefunden, eine gemeinnützige Organisation, die sich für eine umweltfreundliche Nahrungsmittelindustrie einsetzt. Dieser ganze Transportaufwand verbraucht Treibstoff, verschmutzt die Luft und schafft Verpackungsmüll. Lebensmittel vom Wochenmarkt haben meist einen kürzeren Weg hinter sich und sind daher umweltfreundlicher.

Dazu kommt, dass auf dem Wochenmarkt gekauftes Obst und Gemüse frischer und schmackhafter ist als das Angebot im Supermarkt. Außerdem werden bei der Produktion von Supermarktware heutzutage Pestizide, Hormone, Antibiotika und Gentechnik eingesetzt – alles Praktiken, die der Gesundheit schaden können. Bei regionalen Erzeugern, die auf nachhaltigere und oft biologische Anbau- und Haltungsweisen setzen, findet man seltener schadstoffbelastete Produkte. Und billiger als im Supermarkt sind diese Lebensmittel oft auch noch.

Wenn du noch nie auf dem Wochenmarkt warst, musst du es unbedingt mal ausprobieren. Du findest dort eine große Auswahl an regional erzeugtem Obst und Gemüse. Du musst ja nicht gleich Stammkunde werden, aber es kann lehrreich sein herauszufinden, welche Einkaufsmöglichkeiten du hast. Und Bio-Produkte bekommst du dort oft billiger als im Supermarkt.

Tägliche Checkliste für die Woche null

Heute:

✓ habe ich flüssige Kalorien vermieden.
✓ habe ich einen Salat gegessen.
✓ habe ich einen detaillierten Speiseplan für die Woche 1 im 3er-Block vorliegen.
✓ habe ich keinen Industriefraß ins Haus gelassen.
✓ habe ich meine Ziele überprüft.
✓ habe ich gesunde Lebensmittel eingekauft und zubereitet.

Tag 7: Fasten

Dies ist vielleicht der schwerste Tag der Woche null. Es ist der letzte Tag, und ich möchte, dass du fastest, wenigstens von einem Abendessen zum nächsten.

Mit »Fasten« meine ich den Verzicht auf die meisten Nahrungsmittel. Gefastet wird gemeinhin aus religiöser Tradition, als spirituelle Praxis, zur Übung der Selbstbeherrschung und aus gesundheitlichen Gründen.

Neben der zeitlich begrenzten Senkung der Kalorienaufnahme bietet das Fasten dem Körper die Gelegenheit, sich innerlich zu reinigen und Rückstände aus Umweltbelastungen und Industrienahrung zu entgiften.

Ich rate dir zu einer eintägigen Fastenkur als Startschuss für den 3er-Block. Nach nur einem Fastentag kann es vorkommen, dass du:

- mehr Körperfett zur Energiegewinnung einsetzt,
- eine geschärfte Sinneswahrnehmung und mehr Energie verspürst,
- weniger Verlangen nach der gewohnten zucker- und fettreichen Nahrung hast,
- begreifst, dass das Hungergefühl nicht schlimm ist – dass Hunger etwas Mentales ist, eine Reaktion, die von Tageszeiten, Gewohnheiten und Essensgerüchen abhängt,
- ein Gefühl von Selbstdisziplin bekommst, das dir im weiteren Verlauf des Kraftstoff-Plans helfen wird.

Während deiner eintägigen Fastenzeit:

- Trinke über den Tag verteilt zwei bis drei Liter Wasser. Du kannst dir auch gerne ungesüßten Kräutertee machen. Indem du viel trinkst, unterstützt du die Ausschwemmung von Giftstoffen mit dem Urin und verhinderst Verstopfung.
- Iss »Fastenkost«, wenn du großen Hunger bekommst. Damit meine ich grünes Gemüse, am besten roh, also zum Beispiel Kopfsalat, Staudensellerie, Gurke oder Blattgemüse.
- Trainiere nicht, denn du musst Energie sparen. Stattdessen ruhst du dich aus, verwöhnst dich, schaust Videos oder hörst Musik – und freust dich darauf, nächste Woche mehr Energie zu haben und besser auszusehen.
- Plane deinen Fastentag am Wochenende ein, am besten am Sonntag, wenn du am wenigsten zu tun hast und dir Stress möglichst vom Hals halten kannst.
- Wenn du dich flau oder schwindelig fühlst, dann brich dein Fasten, indem du etwas Gemüsesaft trinkst und etwas Leichtes isst, beispielsweise einen Salat.

Fasten kann ein wunderbares Hilfsmittel dabei sein, sein Gewicht zu kontrollieren, gesünder zu werden und Selbstdisziplin zu üben. Daher ist es eine gute Idee, zwischen den Blöcken des Diätprogramms jeweils einen Fastentag einzulegen.

Tägliche Checkliste für die Woche null

Heute:

- ✓ habe ich flüssige Kalorien vermieden.
- ✓ habe ich einen Salat gegessen.
- ✓ habe einen detaillierten Speiseplan für die Woche 1 im 3er-Block vorliegen.
- ✓ habe ich keinen Industriefraß ins Haus gelassen.
- ✓ habe ich meine Ziele überprüft.
- ✓ habe ich gesunde Lebensmittel eingekauft und vorbereitet.
- ✓ habe ich gefastet.

Ich hoffe, dass die Woche null dir Spaß gemacht hat und lehrreich war – und dass sie dir ermöglicht hat, dich mit deiner neuen Lebensweise anzufreunden. Auf dieser Grundlage kannst du dein Bewusstsein dafür weiterentwickeln, welche Kraftstoffe du deinem Körper anbieten willst. Und mithilfe meiner Ernährungsstrategien wirst du deine Fitnessziele dauerhaft verwirklichen.

Ich erkläre hiermit die Woche null für beendet ... du bist jetzt bereit!

3. TEIL

Startklar

7. Kapitel

Du bist dein eigener Ernährungscoach: die Kraftstoff-Speisepläne

Wahrscheinlich hast du in der Vergangenheit schon mal Speisepläne anderer Diäten befolgt und dir geschworen, dich an sie zu halten, bis du schlank und fit bist. Aber irgendwie hast du dieses Ziel nicht erreicht. Alle, denen es schon mal so gegangen ist, bitte vortreten! Jetzt wird Schluss gemacht mit halbherzigen Diäten, jetzt bekommst du deine Ernährung in den Griff.

Mit dem Kraftstoff-Plan gebe ich dir Speiseplanmuster für sechs Wochen, damit du siehst, wie die Block-für-Block-Ernährung im echten Leben funktioniert. Die Pläne sollen beispielhaft aufzeigen, wie du schnelle und langsame Kohlenhydrate im Wechsel der Blöcke so arrangierst, dass du den positiven Einfluss von Kalorienzyklen auf deinen Stoffwechsel nutzen kannst. Der Speiseplan ist leicht umzusetzen – selbst wenn du ihn peinlich genau befolgst, bis zum letzten Snack. Ich möchte allerdings, dass du lernst, dein eigener Ernährungscoach zu sein, dass du dir den Plan zurechtbiegst und deinen eigenen Zielen, deinem Stoffwechsel, deinem Geschlecht und deinem Aktivitätsgrad anpasst. Der Plan ist mit Absicht flexibel konzipiert und dazu gedacht, dass du ihn dir und deinen individuellen Bedürfnissen anpasst.

Wie das geht, erkläre ich dir jetzt.

Wie viel solltest du essen?

Die Nahrungsmenge, die für dich die richtige Portion ergibt, lässt sich an Hand, Finger und Daumen abmessen. Anders ausgedrückt: Ein gutes, leicht zu verwendendes Maß für die Portionierung von Proteinen, Fett, schnellen und langsamen Kohlenhydraten hast du, wenn du prüfst, ob die Portion auf deinen Handteller passt oder deinem Finger oder Daumen entspricht.

Proteine

Als Mann brauchst du eine größere Menge Proteine, zum Mittag- und Abendessen beispielsweise irgendwo zwischen 170 und 230 Gramm, während

Frauen nur 90–140 Gramm benötigen. Daher entspricht die Menge einer Proteinquelle, die auf deinen Handteller passt, automatisch der richtigen Menge für dein Geschlecht. Proteinquellen, die sich nicht so gut per Hand einschätzen lassen, kannst du mithilfe der folgenden Tabelle bemessen:

Lebensmittel	Männerportion	Frauenportion
Eier	3–4	2
Eiklar	4–6	3–4
Ei-Ersatz	250 ml	125 ml
Pflanzliche Proteine (gekochte Hülsenfrüchte)	1 Tasse (250 ml) bzw. 180 g	½ Tasse (125 ml) bzw. 90 g
Proteinpulver	1–2 Messlöffel	1 Messlöffel
Proteinriegel	1	1
Schalentiere	2 Tassen bzw. 260 g	1 Tasse bzw. 130 g

Schneller Kraftstoff

Eine Portion schneller Kraftstoff (Getreide, Müsli, gekochte Nudeln, Hülsenfrüchte, Beeren) sollte nicht größer sein als deine zur Faust geballte Hand. Eine Portion Obst ist generell eine ganze Frucht. Die folgende Tabelle gibt dir weitere hilfreiche Hinweise zu Männer- und Frauenportionen.

Lebensmittel	Männerportion	Frauenportion
Getreide (Reis, Couscous, Haferflocken, Grütze, Gerste, Quinoa etc.)	1 Tasse bzw. 200 g	1 Tasse bzw. 100 g
Zerealien (Cornflakes, Dinkelflakes)	1–1 ¼ Tassen bzw. 40–60 g (genaue Menge bitte der Packungsaufschrift entnehmen)	1–1 ¼ Tassen bzw. 40–60 g (genaue Menge bitte der Packungsaufschrift entnehmen)
Nudeln, gekocht	1 Tasse bzw. 160 g	½ Tasse bzw. 80 g
Pflanzliche Proteine (Hülsenfrüchte)	1 Tasse bzw. 180 g	½ Tasse bzw. 90 g
Stärkehaltiges Gemüse (Rote Beete, Karotten, Mais, Pastinaken, Erbsen, Steckrüben etc.)	1–1 ½ Tassen bzw. 160–240 g	1 Tasse bzw. 160 g
Kartoffeln, Süßkartoffeln	1 mittelgroße bis große (handtellergroß)	1 mittelgroße (handtellergroß)
Brot	2 Scheiben	1 Scheibe
Toastbrötchen	1–2	1
Beeren	150–300 g	150 g
Grapefruit	½–1	½
Trockenfrüchte	40 g	20 g

Langsamer Kraftstoff

Hier ist die Portionierung idiotensicher. Es gibt nämlich gar keine! Bedien dich hemmungslos aus dieser Nahrungsmittelkategorie, denn langsame Kohlenhydrate enthalten sehr wenige Kalorien, aber dafür Ballast- und Nährstoffe in rauen Mengen. Langsame Kohlenhydrate machen auch satt.

Fett-Kraftstoff

Deinen Fettbedarf deckst du weitgehend aus dem Fleisch, den Eiern, Ölen, Nüssen und Saaten auf deinem Speiseplan. Du musst allerdings deine Fettzufuhr im Blick behalten, da schon in kleinen Mengen Fett massenhaft Kalorien stecken. Eine Portion jeder beliebigen Fettquelle ist ungefähr daumengroß (und entspricht etwa einem Esslöffel). Ein Teelöffel entspricht ungefähr deiner Fingerspitze.

Den Kraftstoff-Plan feinjustieren

Durch deine Ernährungsweise kannst du dein Muskelwachstum und deine Fitness beeinflussen, und zwar im Wesentlichen dadurch, dass du mehr langsame oder mehr schnelle Kohlenhydrate isst. Um abzunehmen, wirst du beispielsweise deinen Kohlenhydratbedarf weitgehend aus langsamen Kohlenhydraten decken. So geschieht es im 1er-Block.

Wenn du dich sehr viel bewegst – etwa wenn du intensiv an mehreren Tagen in der Woche trainierst – und einen kräftigen, athletischen Körperbau erreichen willst, kannst du bei den schnellen Kohlenhydraten eher reinhauen. Diese Kohlenhydrate stellen dir mehr Kalorien und Insulin für die Muskelregeneration nach dem Training zur Verfügung. Im 3er-Block isst du mehr schnelle Kohlenhydrate als in den anderen Blöcken.

Denk daran, der Kraftstoff-Plan schaltet die Kohlenhydratzufuhr – und damit die Kalorienaufnahme – schrittweise runter und dann wieder hoch, um den Stoffwechsel zu beschleunigen. Am Anfang solltest du dem Plan wie vorgegeben folgen:

- 3er-Block: 1.–3. Woche
- 2er-Block: 4.–5. Woche
- 1er-Block: 6. Woche

Wenn du erst einmal begriffen hast, wie dein Körper auf die einzelnen Blöcke reagiert, kannst du selbstverständlich Anpassungen vornehmen. Das meine ich damit, dass du dein eigener Ernährungscoach sein sollst. Hör auf deinen Körper und reagiere entsprechend. Mit den folgenden Szenarios zeige ich dir, wie entsprechende Anpassungen in der Praxis aussehen können:

Szenario A: Dein Ziel ist es, Masse aufzubauen oder einfach hart zu trainieren. Dann bleib wegen des höheren Inputs an schnellen Kohlenhydraten im 3er-Block, bis du die erwünschten Ergebnisse erzielt hast. Dazu musst du länger als drei Wochen im 3er-Block bleiben. Das ist in Ordnung. Ich rate dir sogar dazu.

Szenario B: Du hast genügend Muskelmasse aufgebaut, willst aber mehr Muskeldefinition erreichen. Schalte runter, indem du eine Zeit lang in den 2er-Block wechselst. Um noch schneller Resultate zu sehen, kannst du nach dem 2er- auch noch den 1er-Block befolgen.

Szenario C: Dein vorrangiges Ziel ist es abzunehmen. Oder du trainierst nur ein paarmal die Woche und verbrennst nur sehr wenige Kalorien. Die beste Lösung für dich wäre, zwischen 2er-Block und 1er-Block hin- und herzuwechseln.

Szenario D: Auch wenn es beim Kraftstoff-Plan selten vorkommt, kann es doch sein, dass du ein Plateau erreichst, bevor du dein Zielgewicht hast. Ein Plateau ist eine Phase des Stillstands, in der du nicht abnimmst. Wenn das passiert, kannst du eine Woche lang in den 1er-Block wechseln, dein Training intensivieren und schauen, wie dein Körper reagiert.

Szenario E: Du bist deinem Zielgewicht nahe. Nur noch zwei, drei Kilo, dann hast du es geschafft. Jetzt noch mal den 1er-Block, dann geht es ganz schnell.

Szenario F: Du hast dein Zielgewicht erreicht. Und jetzt? Der 3er-Block eignet sich bei den meisten Leuten als Speiseplan zum Gewichthalten, und du darfst ihn nun mit gelegentlichen Leckereien und Süßspeisen ergänzen. Du kannst dich jetzt mit solchen Dingen verwöhnen, weil dein hochtouriger Stoffwechsel sie gut verbrennt. Allerdings musst du trotz allem auf deinen Körper hören und ihn im Blick behalten. Wenn die Kleidung wieder enger wird oder das Gewicht wieder steigt, musst du zurück zum 2er- oder 1er-Block, und zwar konsequent. Manche müssen auch dauerhaft beim 2er-Block bleiben. Setz dir ein Limit von zwei Kilo über deinem Zielgewicht, das du nicht überschreitest. Wenn doch, dann bekommst du dein Gewicht mit dem Kraftstoff-Plan schnell wieder in den Griff.

Wie du siehst, ist der Kraftstoff-Plan unendlich flexibel. Er arbeitet *mit* dem Körper, gibt deinen Muskeln Kraftstoff und verschafft dir die Figur und die Körperkonturen, die du haben willst.

Kraftstoff einkaufen

Der Kraftstoff-Plan beginnt beim Einkaufen, daher solltest du jede Woche einen festen Termin im Supermarkt haben. Dein Auftrag: hochwertige Nahrungsmittel finden und kaufen, die du für die nächste Woche des Kraftstoff-Plans brauchst. Allerdings musst du dir klarmachen, dass das, was du kaufst, deinen Trainingserfolg, deinen Muskelaufbau und deine Fettverbrennung direkt beeinflusst.

Da nur ausreichend informierte Käufer wirklich fit werden können, habe ich dir Einkaufslisten (siehe Seite 81) für sechs Wochen zusammengestellt, die sich an den Speiseplänen orientieren. Sie sollen dir eine Vorstellung davon geben, welche Art von Lebensmitteln du auf keinen Fall vergessen solltest. Die Listen sind aber nur als Anregung gedacht; sie überschneiden sich womöglich mit dem, was du schon im Kühl-, Gefrier- und Küchenschrank vorrätig hast. Ändere sie nach Belieben.

Die Kraftstoff-Speisepläne

Hier sind die Muster-Speisepläne für den 3er-, 2er-, und 1er-Block. Darin sind auch leicht nachzukochende Rezepte erwähnt (kursiv gedruckt), die du im nächsten Kapitel findest. Sobald eine Mahlzeit eine Portion schnellen Kraftstoff enthält, ist sie insgesamt als »schnell« gekennzeichnet. Außerdem gibt es im Anhang eine Speiseplanvorlage, die du für deine eigenen Kraftstoff-Speisepläne verwenden kannst.

3er-Block (Woche 1–3)

Woche 1 • Tag 1

Frühstück (schneller Kraftstoff)

2 Scheiben Kochschinken, gebraten

1 ¼ Tasse bzw. 60 g ballaststoffreiche Zerealien, z. B. Dinkelflakes

250 ml Mandelmilch für die Zerealien

Mittagessen (schneller Kraftstoff)

Grillhähnchen-Gemüse-Sandwich *(Seite 120)*

Abendessen (schneller Kraftstoff)

Roastbeef, z. B. aus der Unterschale (170–230 g für Männer, 90–140 g für Frauen)

Spargel, in 1 EL Olivenöl sautiert

1 Ofenkartoffel, nach Wunsch garniert mit 1–2 EL fettarmem Sauerrahm

Snack 1 (schneller Kraftstoff)

Eiersalat auf Toast *(Seite 135)*

Snack 2

Hart gekochte Eier (3–4 für Männer, 1–2 für Frauen)

1 Handvoll Mandeln

Woche 1 • Tag 2

Frühstück (schneller Kraftstoff)

Wachsweich gekochte Eier (3–4 für Männer, 1–2 für Frauen)

Haferbrei mit Beeren *(Seite 114)*

Mittagessen (schneller Kraftstoff)

Gegrillte Hähnchenbrust (170–230 g für Männer, 90–140 g für Frauen) oder restliches Roastbeef von gestern Abend

Vollkornreis, gekocht (1 Tasse bzw. 200 g für Männer, ½ Tasse bzw. 100 g für Frauen)

Gemischter Salat mit 1–2 EL fettarmer Salatsoße

Abendessen (schneller Kraftstoff)

Lachs, gegrillt oder gebacken (170–230 g für Männer, 90–140 g für Frauen)

Grünkohl, in 1 EL Olivenöl sautiert

1 Süßkartoffel, gebacken

Snack 1

½ Hähnchenbrust, gegrillt

230 ml *Gemüsekraftsaft (Seite 137)*

Snack 2 (schneller Kraftstoff)

Bananafana-Smoothie (Seite 111)

Woche 1 • Tag 3

Frühstück (schneller Kraftstoff)

Rührei mit Tomaten und Kartoffeln (Seite 115)

Mittagessen (schneller Kraftstoff)

Fruchtiger Krabbensalat (Seite 122)

Abendessen (schneller Kraftstoff)

Schweinekotelett mit jungem Brokkoli (Seite 133)

Couscous, gekocht (1 Tasse bzw. 200 g für Männer, ½ Tasse bzw. 100 g für Frauen)

Snack 1

½ Hähnchenbrust

Rohkost aus langsamem Gemüse

Snack 2 (schneller Kraftstoff)

Proteinreiche Karottenkugeln (Seite 135)

Woche 1 • Tag 4

Frühstück (schneller Kraftstoff)

Rührei (3–4 Eier für Männer, 2 für Frauen)

1 Roma-Tomate, in Scheiben

Vollkorn- oder Essenerbrot, getoastet (2 Scheiben für Männer, 1 Scheibe für Frauen), nach Wunsch mit Fruchtaufstrich

Mittagessen (schneller Kraftstoff)

Ahi-Salat (Seite 125)

1 Apfel

Abendessen (schneller Kraftstoff)

Große Jakobsmuscheln (170–230 g für Männer, 90–140 g für Frauen), in 1 EL Olivenöl gebraten

Geschmorte Tomaten

Vollkornreis, gekocht (1 Tasse bzw. 200 g für Männer, ½ Tasse bzw. 100 g für Frauen)

Snack 1

Hart gekochte Eier (3–4 für Männer, 1–2 für Frauen)

1 Handvoll Mandeln

Snack 2 (schneller Kraftstoff)

Inseltraum-Smoothie (Seite 111)

Woche 1 • Tag 5

Frühstück (schneller Kraftstoff)

Mango-Tango-Smoothie (Seite 112)

Mittagessen (schneller Kraftstoff)

Romanasalat mit grünen Paprikastreifen und Scheiben von gegrillter oder gebackener Hähnchenbrust (170–230 g für Männer, 90–140 g für Frauen), dazu 1–2 EL fettarmes Caesar-Salat-Dressing

1 Pfirsich (oder anderes Obst der Saison)

Abendessen (schneller Kraftstoff)

Hähnchen-Fajitas (Seite 127)

Snack 1

Krebs-Creme auf Avocado (Seite 136)

Snack 2 (schneller Kraftstoff)

Proteinreiche Karottenkugeln (Seite 135)

Woche 1 • Tag 6

Frühstück (schneller Kraftstoff)

Ei Benedict (Seite 114)

Mittagessen (schneller Kraftstoff)

Frikadelle aus magerem Rinderhack (170–230 g für Männer, 90–140 g für Frauen)

Gemischter Salat mit 1–2 EL fettarmer Salatsoße

Schwarze Bohnen, gekocht (1 Tasse bzw. 180 g für Männer, ½ Tasse bzw. 90 g für Frauen)

Abendessen (schneller Kraftstoff)

2 Kalbskoteletts, gebraten (170–230 g für Männer, 90–140 g für Frauen), dazu Tomatensauce ohne Zuckerzusatz

Zucchini, in 1 EL Olivenöl sautiert

Vollkornnudeln, gekocht (1 Tasse bzw. 160 g für Männer, ½ Tasse bzw. 80 g für Frauen)

Snack 1

Spargel, in Putenaufschnitt gewickelt (Seite 137)

Snack 2 (schneller Kraftstoff)

Mango-Tango-Smoothie (Seite 112)

Woche 1 • Tag 7

Frühstück (schneller Kraftstoff)

Rührei (3–4 Eier für Männer, 2 für Frauen)

1 Roma-Tomate, in Scheiben geschnitten

Maisgrütze oder -grieß bzw. Polenta, gekocht (1 Tasse bzw. 200 g für Männer, ½ Tasse bzw. 100 g für Frauen)

Mittagessen (schneller Kraftstoff)

Hähnchenschnitzel mit grünen Bohnen (Seite 121)

Abendessen (schneller Kraftstoff)

Gegrilltes Fischfilet mit Krautsalat und Reis (Seite 128)

Snack 1

60–85 g Thunfisch

1 Handvoll Kohl-Chips

Snack 2 (schneller Kraftstoff)

Eiersalat auf Toast (Seite 135)

Einkaufsliste für Woche 1

Gemüse

Aubergine
Blattsalat, z. B. Eisberg
Blumenkohl
Brokkoli
Champignons
Fleischtomaten
Frischer Grünkohl
Frischer Spinat
Grüne Bohnen
Gurke
Jalapeños
Karotten
Kartoffeln
Kleiner Bund Koriander
Knoblauch
Kohl
Paprika, grün, rot und gelb
Roma-Tomaten
Romanasalat
Sellerie
Spargel
Süßkartoffeln
Zucchini
Zwiebeln

Obst

Äpfel
Avocados
Bananen
Datteln, entsteint
Frische Beeren: Erdbeeren und Heidelbeeren
Pfirsiche

Fleisch und Geflügel

Hühnerbrust
Kalbskoteletts
Kochschinken
Mageres Rinderhack
Putenaufschnitt
Rinderbraten (z. B. aus der Unterschale)
Schweinekoteletts

Fisch und Meeresfrüchte

Garnelen
Lachsfilet
Riesenmuscheln
Wels (oder anderes weißes Fischfilet)

Eier und Fleischersatz

Eier

Getreideprodukte und Brot

Baguette
Zerealien, ballaststoffreich, z. B. Dinkelflakes
Haferflocken
Maisgrütze oder -grieß
Toasties (Toastbrötchen)
Tortillas
Vollkornbrot
Vollkornnudeln
Vollkornreis

Tiefkühlkost

TK-Ananas
TK-Mangos
TK-Pfirsiche

Konserven

Krabbenfleisch
Schwarze Bohnen
Thunfisch in Wasser
Tomatenstücke

Öl und Essig

Apfelessig
Fettarmes Caesar-Salad-Dressing
Fettarmes oder kalorienreduziertes Salatdressing
Mayonnaise
Olivenöl
Reisessig

Gewürze

Cayennepfeffer
Chilipulver
Knoblauchpulver
Kreuzkümmel
Muskatnuss, gerieben
Nelken, gemahlen
Paprika
Pfeffer
Salz
Vanilleextrakt
Zimtpulver
Zwiebelpulver

Würzmittel und Süßstoffe

Bio-Agavendicksaft
Bio-Honig
Senf
Tomatensauce ohne Zuckerzusatz
Zucker

Getränke

Mandelmilch, ungesüßt
Schoko-Mandelmilch

Sonstiges

Chiasamen
Fruchtaufstrich (mind. 70% Fruchtanteil)
Ganze Mandeln
Kohl-Chips
Knorr Sauce hollandaise
Kokosraspeln
Leinsamen
Mandelmus
Pflanzliches Schoko-Proteinpulver
Pflanzliches Vanille-Proteinpulver
Semmelbrösel
Sesamkörner
Ungesüßtes Apfelmus
Walnüsse

Woche 2 • Tag 8

Frühstück (schneller Kraftstoff)

Deftiges Frühstücks-Schnittchen (Seite 115)

Mittagessen (schneller Kraftstoff)

Grillhähnchen-Gemüse-Sandwich (Seite 120)

Abendessen (schneller Kraftstoff)

2 Schweinekoteletts, gegrillt (170–230 g für Männer, 90–140 g für Frauen), dazu Teriyaki-Sauce

Spinat, gedämpft

1 Süßkartoffel, gebacken

Snack 1

Gurkenschiffchen (Seite 137)

Snack 2 (schneller Kraftstoff)

Beerenstarker Smoothie (Seite 112)

Woche 2 • Tag 9

Frühstück (schneller Kraftstoff)

Ziegenkäse-Omelett (Seite 119)

Vollkorn- oder Essenerbrot, getoastet (2 Scheiben für Männer, 1 Scheibe für Frauen), nach Wunsch mit Fruchtaufstrich

Mittagessen (schneller Kraftstoff)

Puten-Pita (Seite 121)

Abendessen (schneller Kraftstoff)

Essen gehen: Sushi mit Algensalat

Snack 1

½ Hähnchenbrust, gegrillt

230 ml *Gemüsekraftsaft (Seite 137)*

Snack 2 (schneller Kraftstoff)

Inseltraum-Smoothie (Seite 111)

Woche 2 • Tag 10

Frühstück (schneller Kraftstoff)

Mango-Tango-Smoothie (Seite 112)

Mittagessen (schneller Kraftstoff)

Gerstensalat mit Lachs (Seite 122)

Abendessen (schneller Kraftstoff)

Mageres Rinderhack (170–230 g für Männer, 90–140 g für Frauen), in Tomatensauce ohne Zuckerzusatz gegart und auf sautierten Zucchinistreifen und gekochten Vollkornnudeln (1 Tasse bzw. 160 g für Männer, ½ Tasse bzw. 80 g für Frauen) serviert

Snack 1

½ Hähnchenbrust

Rohkost aus langsamem Gemüse

Snack 2 (schneller Kraftstoff)

Gurkenscheiben, in 1 Tasse (Männer) bzw. ½ Tasse (Frauen) Hummus gedippt

Woche 2 • Tag 11

Frühstück (schneller Kraftstoff)

Zucchini-Frittata (Seite 117)

Mittagessen (schneller Kraftstoff)

Roastbeef-Aufschnitt (170–230 g für Männer, 90–140 g für Frauen) mit 1 EL Senf auf Roggenbrot (2 Scheiben für Männer, 1 Scheibe für Frauen)

Essiggurke

Tomatenscheibe

Abendessen (schneller Kraftstoff)

Grillhähnchen ohne Haut (170–230 g für Männer, 90–140 g für Frauen)

Weißkohl, frisch geraspelt, mit 1 EL fettarmer Mayonnaise und 2 EL frisch gepresstem Zitronensaft

Vollkornreis, gekocht (1 Tasse bzw. 200 g für Männer, ½ Tasse bzw. 100 g für Frauen)

Snack 1 (schneller Kraftstoff)

Mango-Tango-Smoothie (Seite 112)

Snack 2

Krebs-Creme auf Avocado (Seite 136)

Woche 2 • Tag 12

Frühstück (schneller Kraftstoff)

Hart gekochte Eier (3–4 für Männer, 1–2 für Frauen)

Haferbrei mit Beeren (Seite 114)

Mittagessen (schneller Kraftstoff)

Restliches Grillhähnchen (170–230 g für Männer, 90–140 g für Frauen)

Rohe Brokkoli- und Blumenkohlröschen

Restlicher Vollkornreis (1 Tasse bzw. 200 g für Männer, ½ Tasse bzw. 100 g für Frauen)

Abendessen

2 Lammkoteletts, gegrillt oder gebraten (170–230 g für Männer, 90–140 g für Frauen)

Rote Paprika, gegrillt oder gebraten

Snack 1 (schneller Kraftstoff)

Beerenstarker Smoothie (Seite 112)

Snack 2 (schneller Kraftstoff)

1 hart gekochtes Ei

1 mittelgroßer Apfel

Woche 2 • Tag 13

Frühstück (schneller Kraftstoff)

Kochschinken, gebraten (4 Scheiben für Männer, 2 Scheiben für Frauen)

1¼ Tassen bzw. 60 g ballaststoffreiche Zerealien, z. B. Dinkelflakes

250 ml Mandelmilch für die Zerealien

Mittagessen (schneller Kraftstoff)

Tofu-Nudeln Singapur (Seite 123)

Abendessen (schneller Kraftstoff)

Tilapia, mit Zitronenpfeffer gebacken

Rosenkohl, gebacken (vor dem Backen mit Olivenöl-Kochspray besprühen und mit Knoblauchsalz würzen)

Vollkornreis, gekocht (1 Tasse bzw. 200 g für Männer, ½ Tasse bzw. 100 g für Frauen)

Snack 1

Spargel, in Putenaufschnitt gewickelt (Seite 137)

Snack 2 (schneller Kraftstoff)

Mango-Tango-Smoothie (Seite 112)

Woche 2 • Tag 14

Frühstück (schneller Kraftstoff)

Spiegelei mit Bratkartoffeln (Seite 116)

Mittagessen (schneller Kraftstoff)

Hähnchenschnitzel mit grünen Bohnen (Seite 121) oder restliche *Tofu-Nudeln Singapur (Seite 123)*

Abendessen (schneller Kraftstoff)

Rumpsteak (170–230 g für Männer, 90–140 g für Frauen)

Gemischter Salat mit 1–2 EL fettarmer Salatsoße

1 Ofenkartoffel, nach Wunsch garniert mit 1–2 EL fettarmem Sauerrahm

Snack 1

60–85 g Thunfisch

1 Handvoll Kohl-Chips

Snack 2 (schneller Kraftstoff)

Inseltraum-Smoothie (Seite 111)

Einkaufsliste für Woche 2

Gemüse

Aubergine
Blattsalat, z. B. Eisberg
Bohnensprossen
Frischer Grünkohl
Frischer Spinat
Frühlingszwiebeln
Grüne Bohnen
Gurken
Jalapeños
Kartoffeln
Paprika, grün und rot
Petersilie
Pilze
Rohkost: junge Karotten, Blumenkohl, Brokkoli, Gurken
Rosenkohl
Spargel
Süßkartoffeln
Tomaten
Zucchini
Zwiebeln

Obst

Äpfel
Avocados
Bananen (falls du letzte Woche keine eingefroren hast)
Cantaloup-Melone
Erdbeeren
Heidelbeeren
Mangos
Orangen
Zitronensaft

Fleisch und Geflügel

Grillhähnchen (an Tag 11 besorgen)
Hühnerbrust
Lammkoteletts
Lendensteak
Mageres Rinderhack
Putenaufschnitt
Schinken

Fisch und Meeresfrüchte

Lachsfilet
Tilapia

Eier und Fleischersatz

Eier
Seitan
Tofu

Getreideprodukte und Brot

Baguette
Couscous
Gerste
Pita-Brot
Reisnudeln
Roggenbrot

Tiefkühlkost

TK-Blaubeeren, ungesüßt

Konserven

Krabbenfleisch
Thunfisch in Wasser

Öl und Essig

Fettarme Mayonnaise
Olivenöl-Kochspray

Gewürze

Currypulver
Knoblauchsalz
Zitronenpfeffer

Würzmittel

Cholula-Sauce (ersatzweise Tabasco)
Dijon-Senf
Sojasauce
Teriyaki-Sauce

Sonstiges

Cheddar oder mittelalter Gouda, gerieben
Dillgurken
Hummus
Kürbiskerne
Sauerrahm
Ziegenkäse

Woche 3 • Tag 15

Frühstück (schneller Kraftstoff)

Wachsweich gekochte Eier (3–4 für Männer, 1–2 für Frauen)

Haferbrei mit Beeren (Seite 114)

Mittagessen (schneller Kraftstoff)

Hähnchenbrust, gegrillt (170–230 g für Männer, 90–140 g für Frauen)

Romanasalat mit Kirschtomaten, gehacktem Staudensellerie und anderem Salatgemüse, dazu 1–2 EL fettarme Salatsoße

Vollkornreis, gekocht (1 Tasse bzw. 200 g für Männer, ½ Tasse bzw. 100 g für Frauen)

Abendessen (schneller Kraftstoff)

Mango-Salat mit Meeresfrüchten (Seite 129)

Snack 1

Krebs-Creme auf Avocado (Seite 136)

Snack 2 (schneller Kraftstoff)

Beerenstarker Smoothie (Seite 112)

Woche 3 • Tag 16

Frühstück (schneller Kraftstoff)

Putenwürstchen oder -frikadellen, gebraten (4 für Männer, 2 Frauen)

Vollkorn- oder Essenerbrot, getoastet (2 Scheiben für Männer, 1 Scheibe für Frauen), nach Wunsch mit Fruchtaufstrich

Mittagessen (schneller Kraftstoff)

Brokkolisalat (Seite 126) oder restliche Hähnchenbrust mit langsamem Gemüse, z. B. Tomatenscheiben

Vollkornreis, gekocht (1 Tasse bzw. 200 g für Männer, ½ Tasse bzw. 100 g für Frauen)

Abendessen (schneller Kraftstoff)

Steak mit Pommes (Seite 129)

Gemischter Salat mit 1–2 EL fettarmer Salatsoße

Snack 1

1 hart gekochtes Ei

1 Handvoll Mandeln

Snack 2 (schneller Kraftstoff)

Beerenstarker Smoothie (Seite 112)

Woche 3 • Tag 17

Frühstück (schneller Kraftstoff)

Zucchini-Frittata (Seite 117)

Mittagessen

Thunfisch aus der Dose (170–230 g für Männer, 90–140 g für Frauen)

Kopfsalat mit Salatgemüse, dazu gekochte Kichererbsen (1 Tasse bzw. 180 g für Männer, ½ Tasse bzw. 90 g für Frauen)

1–2 EL fettarme Salatsoße

Abendessen (schneller Kraftstoff)

Schweinekotelett mit jungem Brokkoli (Seite 133)

1 Süßkartoffel, gebacken

Snack 1 (schneller Kraftstoff)

Eiersalat auf Toast (Seite 135)

Snack 2 (schneller Kraftstoff)

1 Scheibe Putenaufschnitt

1 mittelgroßer Apfel

Woche 3 • Tag 18

Frühstück (schneller Kraftstoff)

Ei Benedict (Seite 114)

Mittagessen (schneller Kraftstoff)

Salatbar: 1–2 Handvoll Blattsalat, ½ Tasse bzw. 80 g Schinkenstückchen, Bohnen oder Kichererbsen (1 Tasse bzw. 180 g für Männer, ½ Tasse bzw. 90 g für Frauen), Tomatenscheiben, grüne Paprika, 1 EL Sonnenblumenkerne, 1–2 EL fettarmes Salatdressing

Abendessen (schneller Kraftstoff)

Hähnchen-Fajitas (Seite 127)

Snack 1

Spargel, in Putenaufschnitt gewickelt (Seite 137)

Snack 2 (schneller Kraftstoff)

Mango-Tango-Smoothie (Seite 112)

Woche 3 • Tag 19

Frühstück (schneller Kraftstoff)

Kochschinken, gebraten (4 Scheiben für Männer, 2 Scheiben für Frauen)

Haferbrei (1 Tasse bzw. 200 g für Männer, ½ Tasse bzw. 100 g für Frauen)

Mittagessen (schneller Kraftstoff)

Putenbrust, gegrillt oder als Aufschnitt (170–230 g für Männer, 90–140 g für Frauen), mit 1 EL Senf auf Roggenbrot (2 Scheiben für Männer, 1 Scheibe für Frauen)

1 Essiggurke

100–200 g roher Brokkoli oder Blumenkohl

Abendessen (schneller Kraftstoff)

Zucchinischiffchen mit Orzo (Seite 130)

Snack 1

60–90 g restliche Putenbrust

Rohkost aus langsamem Gemüse

Snack 2 (schneller Kraftstoff)

Bananafana-Smoothie (Seite 111)

Woche 3 • Tag 20

Frühstück (schneller Kraftstoff)

Rührei mit Tomaten und Kartoffeln (Seite 115)

Mittagessen (schneller Kraftstoff)

Lachs aus der Dose (170–230 g für Männer, 90–140 g für Frauen)

2 Handvoll Blattsalat mit 1–2 EL fettarmer Salatsoße

Vollkorn- oder Essenerbrot, getoastet (2 Scheiben für Männer, 1 Scheibe für Frauen)

Abendessen (schneller Kraftstoff)

Asia-Gericht zum Mitnehmen: gedämpftes Gemüse mit Garnelen (2 Tassen bzw. 300 g für Männer, 1 Tasse bzw. 150 g für Frauen)

Vollkornreis, gekocht (1 Tasse bzw. 200 g für Männer, ½ Tasse bzw. 100 g für Frauen)

Snack 1

Spargel, in Putenaufschnitt gewickelt (Seite 137)

Snack 2 (schneller Kraftstoff)

Inseltraum-Smoothie (Seite 111)

Woche 3 • Tag 21

Frühstück (schneller Kraftstoff)

Bananafana-Smoothie (Seite 111)

Mittagessen (schneller Kraftstoff)

Frikadelle aus magerem Rinderhack (170–230 g für Männer, 90–140 g für Frauen) oder restliches Asia-Gericht

½–1 Dose Tomatenstücke

1 Ofenkartoffel

Abendessen (schneller Kraftstoff)

2 Lammkoteletts, gebraten (170–230 g für Männer, 90–140 g für Frauen)

Gemischter Salat mit 1–2 EL fettarmer Salatsoße

Couscous, gekocht (1 Tasse bzw. 200 g für Männer, ½ Tasse bzw. 100 g für Frauen)

Snack 1

Krebs-Creme auf Avocado (Seite 136)

Snack 2 (schneller Kraftstoff)

Eiersalat auf Toast (Seite 135)

Einkaufsliste für Woche 3

Gemüse

Blattsalat, z. B. Eisberg
Blumenkohl
Brokkoli
Fleischtomaten
Glatte Petersilie
Jalapeños
Jícama (Yambohne, ersatzweise Topinambur)
Kartoffeln
Kirschtomaten
Rohkost: junge Karotten und Gurken
Paprika, grün, rot und gelb
Radieschen
Roma-Tomaten
Romanasalat
Sellerie
Serrano-Chilis
Spargel
Süßkartoffeln
Zucchini

Obst

Avocados
Bananen
Beeren: Erdbeeren und Heidelbeeren (falls du letzte Woche keine eingefroren hast)
Limetten
Mango

Fleisch und Geflügel

Beefsteak
Hühnerbrust
Kochschinken
Lammkoteletts
Lendensteak
Mageres Rinderhack
Putenaufschnitt
Putenwurst
Salsiccia (Fenchelwürstchen, ersatzweise Nürnberger)
Schinken
Schweinekoteletts

Fisch und Meeresfrüchte

Garnelen
Tintenfisch

Eier und Fleischersatz

Eier

Getreideprodukte und Brot

Kleine Tortillas
Orzo- oder Risoni-Nudeln
Vollkorn- oder Essenerbrot

Konserven

Kichererbsen
Krabbenfleisch
Lachs
Thunfisch in Wasser
Tomatenstücke

Öl und Essig

Rotweinessig

Sonstiges

Kohl-Chips
Parmesa

Hooya!

Leckere Reste

Die meisten von uns müssen Geld sparen. Die Vorstellung, mit abwechslungsreichen Zutaten regelmäßig schmackhafte, gesunde Mahlzeiten zuzubereiten, kann da abschreckend sein. Aber es ist machbar – und weitaus billiger, als ständig auswärts zu essen.

Mit etwas Umsicht und Planung kann man ein Champagnerleben führen, und zwar zu Bierkosten. Hier nur ein paar Ideen zu einer sparsamen, aber gesunden Ernährungsweise:

- **Obst einfrieren:** Bananen werden schnell so überreif, dass man sie wegschmeißen möchte. Ich schäle sie dann, wickle sie ein und lege sie in den Gefrierschrank. Tiefgefrorene Bananen eignen sich prima für Smoothies. Gut einfrieren kann man auch Trauben. Frisch aus der Tiefkühltruhe genommen, sind sie eine eiskalte Nascherei. Das Gleiche gilt für Beeren (Himbeeren, Blaubeeren, entkernte Kirschen usw.), die im Kühlschrank relativ schnell verderben.
- **Reste einfrieren:** Hast du so viel gekocht, dass nicht alles aufgegessen wurde? Verpack die Reste portionsweise und friere sie sofort ein. Oder koch bei jedem Rezept einfach die doppelte Menge und friere die Reste in Einzelportionen ein, dann sparst du Zeit und Geld.
- **Reste als Mittagessen oder Snack:** Das leckere Essen von gestern Abend passt heute Mittag wieder auf den Tisch. Reste von gestern sind oft mein Lieblingsmittagessen. Du kannst sie natürlich noch mit frischem Gemüse oder Obst als Beilage verfeinern. Und wenn ein kleiner Rest nicht für die Hauptmahlzeit reicht, taugt er sicherlich als Snack.
- **Reste mit zur Arbeit nehmen:** Dadurch sparst du Geld und sicherst dir ein gesundes Mittagessen. Eine Vollkornpita mit Gemüse oder die Reste vom gestrigen Abendessen machen sich mit etwas Obst auch hervorragend in der Lunchbox.

- **Eier kochen:** Mach dir hart gekochte Eier auf Vorrat. Dann hast du immer welche als Brotbelag oder Salatgarnitur.
- **Nichts wegwerfen:** Schrumpeliges Gemüse kann noch in der Suppe oder Brühe verwendet werden. Tomaten kannst du zu Tomatensauce oder Salsa pürieren.
- **Suppe genießen:** Koch einmal in der Woche Suppe für die Familie. Suppe ist das Sparschwein unter den Gerichten. Wenn du den vorgegebenen Speiseplan verwendest, kannst du aus den Hähnchenknochen vom Montag eine Brühe kochen, Gemüsereste und Bohnen oder Linsen dazugeben und mit Salat oder Brot ein köstliches Mahl auftragen, mit dem du jede Woche gut und gerne 10 Euro sparst.

2er-Block (Woche 4–5)

Woche 4 • Tag 1

Frühstück (schneller Kraftstoff)

Kochschinken, gebraten (4 Scheiben für Männer, 2 Scheiben für Frauen)

1 ¼ Tassen bzw. 60 g ballaststoffreiche Zerealien, z. B. Dinkelflakes

250 ml Mandelmilch für die Zerealien

Mittagessen (schneller Kraftstoff)

Grillhähnchen-Gemüse-Sandwich (Seite 120)

Abendessen

Sirloin-Steak mit Blumenkohlpüree (Seite 134)

Snack 1

Sellerie-Sticks mit Mandelmus

Snack 2

1 hart gekochtes Ei

1 Handvoll Mandeln

Woche 4 • Tag 2

Frühstück (schneller Kraftstoff)

Wachsweich gekochte Eier (4 für Männer, 2 für Frauen)

Haferbrei mit Beeren (Seite 114)

Mittagessen (schneller Kraftstoff)

Puten-Pita (Seite 121)

Abendessen

Lachs, gegrillt oder gebacken (170–230 g für Männer, 90–140 g für Frauen)

Grünkohl, in 1 EL Olivenöl sautiert

Gelbe Bohnen

Snack 1

1 hart gekochtes Ei

1 Handvoll Mandeln

Snack 2

½ Hähnchenbrust, gegrillt

230 ml *Gemüsekraftsaft (Seite 137)*

Woche 4 • Tag 3

Frühstück (schneller Kraftstoff)

Putenwürstchen oder -frikadellen, gebraten (4 für Männer, 2 Frauen)

Vollkorn- oder Essenerbrot, getoastet (2 Scheiben für Männer, 1 Scheibe für Frauen), nach Wunsch mit Fruchtaufstrich

Mittagessen (schneller Kraftstoff)

Ahi-Salat (Seite 125)

1 mittelgroßer Apfel

Abendessen

Schweinekotelett mit jungem Brokkoli (Seite 133)

Snack 1

Gurkenschiffchen (Seite 137, mit Thunfisch- oder Hähnchenfüllung)

Snack 2

Krebs-Creme auf Avocado (Seite 136)

Woche 4 • Tag 4

Frühstück (schneller Kraftstoff)

Rührei (4 Eier für Männer, 2 für Frauen)

1 Roma-Tomate, in Scheiben geschnitten

¼ Cantaloup-Melone

Mittagessen (schneller Kraftstoff)

Fruchtiger Krabbensalat (Seite 122)

Abendessen

Große Jakobsmuscheln (170–230 g für Männer, 90–140 g für Frauen) in 1 EL Olivenöl gebraten

Geschmorte Tomaten

Gemischter Salat mit 1–2 EL fettarmer Salatsoße

Snack 1

Gurkenschiffchen (Seite 137, mit Thunfisch- oder Hähnchenfüllung)

Snack 2

Spargel, in Putenaufschnitt gewickelt (Seite 137)

Woche 4 • Tag 5

Frühstück (schneller Kraftstoff)

Bananafana-Smoothie (Seite 111)

Mittagessen (schneller Kraftstoff)

Tofu-Nudeln Singapur (Seite 123)

Abendessen

Flanksteak mit Grillgemüse-Salat (Seite 132)

Snack 1

1 hart gekochtes Ei

1 Handvoll Mandeln

Snack 2

60–85 g Thunfisch oder restliches Flanksteak

1 Handvoll Kohl-Chips

Woche 4 • Tag 6

Frühstück (schneller Kraftstoff)

Pilz-Aufläufchen (Seite 119)

Vollkorn- oder Essenerbrot, getoastet (2 Scheiben für Männer, 1 Scheibe für Frauen), nach Wunsch mit Fruchtaufstrich

Mittagessen (schneller Kraftstoff)

Mageres Rinderhack, gegart, dazu Kidneybohnen, gegart (1 Tasse bzw. 180 g für Männer, ½ Tasse bzw. 90 g für Frauen) , Tomatensauce und Gewürze (superschnelles Chili con Carne)

Abendessen

Essen gehen: gegrillter Lachs o. Ä. mit gedämpftem Gemüse, dazu gemischter Salat mit Vinaigrette

Snack 1

½ Hähnchenbrust

1 Handvoll Kohl-Chips

Snack 2

1 hart gekochtes Ei

1 Handvoll Mandeln

Woche 4 • Tag 7

Frühstück (schneller Kraftstoff)

Rührei (4 Eier für Männer, 2 für Frauen)

1 Roma-Tomate, in Scheiben

Maisgrütze oder -grieß bzw. Polenta, gekocht (1 Tasse bzw. 200 g für Männer, ½ Tasse bzw. 100 g für Frauen)

Mittagessen (schneller Kraftstoff)

Brokkolisalat (Seite 126) oder restlicher Lachs vom gestrigen Restaurantbesuch

1 Süßkartoffel, gebacken

Abendessen

Putenbrust, gebacken (170–230 g für Männer, 90–140 g für Frauen)

Blumenkohlpüree (Seite 134)

Gemischter Salat mit 1–2 EL fettarmer Salatsoße

Snack 1

60–90 g restliche Putenbrust

230 ml *Gemüsekraftsaft (Seite 137)*

Snack 2

1 hart gekochtes Ei

1 Handvoll Mandeln

Einkaufsliste für Woche 4

Gemüse

Aubergine
Blattsalatmischung
Blumenkohl
Bohnensprossen
Brokkoli
Champignons
Frische Minze
Frischer Grünkohl
Frischer Spinat
Gurken
Karotten
Kirschtomaten
Kopfsalat
Paprika, rot und grün
Roma-Tomaten
Rote Zwiebeln
Sellerie
Spargel
Süßkartoffeln
Zucchini
Zwiebeln

Obst

Äpfel, z. B. Gala
Avocados
Bananen
Cantaloup-Melone
Erdbeeren
Grapefruit
Heidelbeeren
Orangen

Fleisch und Geflügel

Flanksteak (Steak aus Bauchlappen/Dünnung)
Hühnerbrust
Lendensteak
Mageres Rinderhack
Putenaufschnitt
Putenbrust
Putenwurst
Schweinekoteletts

Fisch und Meeresfrüchte

Garnelen
Große Jakobsmuscheln
Lachsfilet
Thunfischsteak

Eier und Fleischersatz

Eier
Tofu

Getreideprodukte und Brot

Baguettebrötchen
Pita-Brot

Tiefkühlkost

Gelbe Bohnen

Konserven

Kidneybohnen
Krabbenfleisch
Tomatensauce
Tomatenstücke

Öl und Essig

Butter

Gewürze

Cayennepfeffer
Chilipulver
Frischer Rosmarin

Getränke

Mandelmilch, ungesüßt
Milch

Sonstiges

Ganze Mandeln
Mandelmus

Woche 5 • Tag 8

Frühstück (schneller Kraftstoff)

Rührei mit grünen Bohnen und Schinken (Seite 118)

Maisgrütze oder -grieß bzw. Polenta, gekocht (1 Tasse bzw. 200 g für Männer, ½ Tasse bzw. 100 g für Frauen)

Mittagessen (schneller Kraftstoff)

Grillhähnchen-Gemüse-Sandwich (Seite 120)

Abendessen

2 Schweinekoteletts, gegrillt (170–230 g für Männer, 90–140 g für Frauen), dazu Teriyaki-Sauce

Gelbe Zucchini, gedämpft

Spinat, gedämpft

Snack 1

½ Hähnchenbrust

Rohkost aus langsamem Gemüse

Snack 2

1 hart gekochtes Ei

1 Handvoll Mandeln

Woche 5 • Tag 9

Frühstück

Ziegenkäse-Omelett (Seite 119)

Mittagessen (schneller Kraftstoff)

Grillhähnchen mit Spinat (Seite 124)

Vollkornreis, gekocht (1 Tasse bzw. 200 g für Männer, ½ Tasse bzw. 100 g für Frauen)

Abendessen

Asia-Gericht zum Mitnehmen: gedämpftes Gemüse mit Garnelen (2 Tassen bzw. 300 g für Männer, 1 Tasse bzw. 150 g für Frauen)

Snack 1 (schneller Kraftstoff)

Inseltraum-Smoothie (Seite 111)

Snack 2

Krebs-Creme auf Avocado (Seite 136)

Woche 5 • Tag 10

Frühstück (schneller Kraftstoff)

Deftiges Frühstücks-Schnittchen (Seite 115)

Mittagessen

Club-Salat (Seite 124)

Abendessen

Mageres Rinderhack (170–230 g für Männer, 90–140 g für Frauen), in Tomatensauce ohne Zuckerzusatz gegart und auf sautierten Zucchinistreifen serviert

Snack 1 (schneller Kraftstoff)

Mango-Tango-Smoothie (Seite 112)

Snack 2

Gurkenschiffchen (Seite 137, mit Thunfisch- oder Hähnchenfüllung)

Woche 5 • Tag 11

Frühstück (schneller Kraftstoff)

Zucchini-Frittata (Seite 117)

½ Grapefruit

Mittagessen (schneller Kraftstoff)

Roastbeef-Aufschnitt (170–230 g für Männer, 90–140 g für Frauen) mit 1 EL Senf auf Roggenbrot (2 Scheiben für Männer, 1 Scheibe für Frauen)

Essiggurke

Tomatenscheibe

Abendessen

Grillhähnchen ohne Haut (170–230 g für Männer, 90–140 g für Frauen)

Weißkohl, frisch geraspelt, mit 1 EL fettarmer Mayonnaise und 2 EL frisch gepresstem Zitronensaft

Snack 1

Spargel, in Putenaufschnitt gewickelt (Seite 137)

Snack 2

1 hart gekochtes Ei

1 Handvoll Mandeln

Woche 5 • Tag 12

Frühstück (schneller Kraftstoff)

Spiegelei mit Bratkartoffeln (Seite 116)

Mittagessen (schneller Kraftstoff)

Restliches Grillhähnchen (170–230 g für Männer, 90–140 g für Frauen)

Rohe Brokkoli- und Blumenkohlröschen

1 mittelgroßer Apfel

Abendessen

2 Lammkoteletts, gegrillt oder gebraten (170–230 g für Männer, 90–140 g für Frauen)

Rote Paprika, gegrillt oder gebraten

Gurkensalat: ½ Gurke, gehackt, dazu ein Dressing aus 1 EL Olivenöl und 1 EL Himbeeressig

Snack 1

60–85 g Thunfisch

1 Handvoll Kohl-Chips

Snack 2

Sellerie-Sticks mit Mandelmus

Woche 5 • Tag 13

Frühstück

Ziegenkäse-Omelett (Seite 119)

Mittagessen (schneller Kraftstoff)

Hähnchenschnitzel mit grünen Bohnen (Seite 121)

Abendessen

Tilapia, gebacken und mit Zitronenpfeffer gewürzt (170–230 g für Männer, 90–140 g für Frauen)

Rosenkohl, gebacken (vor dem Backen mit Olivenöl-Kochspray besprühen und mit Knoblauchsalz würzen)

Gemischter Salat mit 1–2 EL fettarmer Salatsoße

Snack 1 (schneller Kraftstoff)

Bananafana-Smoothie (Seite 111)

Snack 2

½ Hähnchenbrust, gegrillt, oder 60–90 g restlicher Tilapia

230 ml *Gemüsekraftsaft (Seite 137)*

Woche 5 • Tag 14

Frühstück (schneller Kraftstoff)

Rührei mit Tomaten und Kartoffeln (Seite 115)

Mittagessen (schneller Kraftstoff)

Grillhähnchen-Gemüse-Sandwich (Seite 120)

Abendessen

Sirloin-Steak mit Blumenkohlpüree (Seite 134)

Gemischter Salat mit 1–2 EL fettarmer Salatsoße

Snack 1

1 hart gekochtes Ei

1 Handvoll Mandeln

Snack 2

½ Hähnchenbrust

Rohkost aus langsamem Gemüse

Einkaufsliste für Woche 5

Gemüse

Aubergine
Blattsalat, z.B. Eisberg
Blumenkohl
Champignons
Fleischtomaten
Frischer Spinat
Gelbe Zucchini
Grüne Bohnen
Gurken
Karotten
Kartoffeln
Kirschtomaten
Knoblauch
Rohkost: junge Karotten, Blumenkohl, Brokkoli, Gurken
Paprika, rot und grün
Romanasalat
Rosenkohl
Sellerie
Spargel
Zucchini, grün und gelb
Zwiebeln

Obst

Äpfel
Avocados
Cantaloup-Melone
Mangos
Fleisch und Geflügel
Grillhähnchen
Hühnerbrust
Lammkoteletts
Lendensteak
Mageres Rinderhack
Roastbeef-Aufschnitt
Schinken
Schweinekoteletts
Speck

Fisch und Meeresfrüchte

Tilapia

Eier und Fleischersatz

Eier

Getreideprodukte und Brot

Baguette

Konserven

Krabbenfleisch
Thunfisch in Wasser

Öl und Essig

Balsamico-Essig
Himbeeressig

Sonstiges

Hummus
Ziegenkäse

1er-Block (Woche 6)

Woche 6 • Tag 1

Frühstück

Ziegenkäse-Omelett (Seite 119)

Mittagessen

Hähnchen-Minestrone (Seite 125)

Abendessen

Flanksteak mit Grillgemüse-Salat (Seite 132)

Snack 1

Krebs-Creme auf Avocado (Seite 136)

Snack 2 (schneller Kraftstoff)

Bananafana-Smoothie (Seite 111)

Woche 6 • 2. Tag

Frühstück (schneller Kraftstoff)

Putenwürstchen oder -frikadellen, gebraten (4 für Männer, 2 Frauen)

Vollkorn- oder Essenerbrot, getoastet (2 Scheiben für Männer, 1 Scheibe für Frauen), nach Wunsch mit Fruchtaufstrich

Mittagessen

Brokkolisalat (Seite 126)

Abendessen

Kräuterhähnchen vom Grill mit Rosenkohl (Seite 130)

Snack 1

1 hart gekochtes Ei

1 Handvoll Mandeln

Snack 2

½ Hähnchenbrust, gegrillt

230 ml *Gemüsekraftsaft (Seite 137)*

Woche 6 • Tag 3

Frühstück (schneller Kraftstoff)

Bananafana-Smoothie (Seite 111)

Mittagessen

Ahi-Salat (Seite 125)

Abendessen

Hähnchen- und Gemüseschaschlik (Seite 131)

Snack 1

1 hart gekochtes Ei

1 Handvoll Mandeln

Snack 2

Gurkenschiffchen (Seite 137, mit Thunfisch- oder Hähnchenfüllung)

Woche 6 • Tag 4

Frühstück

Ziegenkäse-Omelett (Seite 119)

Mittagessen

Salatbar: 1–2 Handvoll Blattsalat, 1 Tasse bzw. 180 g (Männer) bzw. ½ Tasse bzw. 90 g (Frauen) Kidneybohnen oder Kichererbsen, Tomatenscheiben, grüne Paprika, 1 EL Sonnenblumenkerne, 1–2 EL fettarmes Salatdressing

Abendessen

Nackiges Hähnchen-Burrito (Seite 132)

Snack 1

Spargel, in Putenaufschnitt gewickelt (Seite 137)

Snack 2 (schneller Kraftstoff)

Inseltraum-Smoothie (Seite 111)

Woche 6 • Tag 5

Frühstück (schneller Kraftstoff)

Kochschinken, gebraten (4 Scheiben für Männer, 2 Scheiben für Frauen)

Haferbrei (1 Tasse bzw. 200 g für Männer, ½ Tasse bzw. 100 g für Frauen)

Mittagessen

Putenbrust, gebacken oder als Aufschnitt (170–230 g für Männer, 90–140 g für Frauen)

1 Essiggurke

100–200 g rohe Brokkoli- oder Blumenkohlröschen

Abendessen

Schweinekotelett mit jungem Brokkoli (Seite 133)

Snack 1

60–90 g restliche Putenbrust

Rohkost aus langsamem Gemüse

Snack 2

1 hart gekochtes Ei

1 Handvoll Kohl-Chips

Woche 6 • Tag 6

Frühstück (schneller Kraftstoff)

Zucchini-Frittata (Seite 117)

Mittagessen

Club-Salat (Seite 124)

Abendessen

Asia-Gericht zum Mitnehmen: gedämpftes Gemüse mit Garnelen (2 Tassen bzw. 300 g für Männer, 1 Tasse bzw. 150 g für Frauen)

Snack 1

Spargel, in Putenaufschnitt gewickelt (Seite 137)

Snack 2

1 hart gekochtes Ei

1 Handvoll Mandeln

Woche 6 • Tag 7

Frühstück (schneller Kraftstoff)

Mango-Tango-Smoothie (Seite 112)

Mittagessen

Frikadelle aus magerem Rinderhack (170–230 g für Männer, 90–140 g für Frauen)

½–1 Dose Tomatenstücke

1 Tasse bzw. 130 g grüne Bohnen

Abendessen

Lammkoteletts, gebacken (170–230 g für Männer, 90–140 g für Frauen)

Blumenkohlpüree (Seite 134)

Gemischter Salat mit 1–2 EL fettarmer Salatsoße

Snack 1

Krebs-Creme auf Avocado (Seite 136)

Snack 2

Zucchinipuffer mit Räucherlachs (Seite 136)

Einkaufsliste für Woche 6

Gemüse

Aubergine

Rohkost: junge Karotten, Staudensellerie und Kirschtomaten

Blattsalatmischung

Blumenkohl

Brokkoli

Champignons

Frischer Grünkohl

Frischer Spinat

Grüne Bohnen

Gurken

Jalapeños

Karotten

Kartoffeln

Paprika, grün und rot

Romanasalat

Rosenkohl

Rote Zwiebeln

Spargel

Tomaten

Zucchini

Obst

Avocados

Mangos

Bananen

Cantaloup-Melone

Zitronen

Fleisch und Geflügel

Flanksteak (Steak aus Bauchlappen/Dünnung)
Hühnerbrust
Kochschinken
Lammkoteletts
Mageres Rinderhack
Putenaufschnitt
Putenwurst
Schweinekoteletts

Fisch und Meeresfrüchte

Räucherlachs
Thunfischsteak

Eier und Fleischersatz

Eier

Getreideprodukte und Brot

Vollkorn- oder Essenerbrot (Keimbrot)

Konserven

Grüne Bohnen
Hühnerbrühe
Krabbenfleisch
Schwarze Bohnen
Tomatenstücke

Gewürze

Frische glatte Petersilie
Frischer Koriander
Frischer Rosmarin
Frischer Thymian
Geflügelgewürz
Getrocknete Petersilie
Roter Pfeffer, grob gemahlen

Getränke

Mandelmilch, ungesüßt

Sonstiges

Mehl
Ziegenkäse

Bist du nun bereit, deinen eigenen Speiseplan aufzustellen? Dann findest du einen Kraftstoff-Speiseplan zum Ausfüllen im Anhang. Damit hast du ein prima Hilfsmittel, um sicherzugehen, dass du in jedem Block den richtigen Kraftstoff tankst.

8. Kapitel

Die Kraftstoff-Rezepte

Ich treibe seit über 25 Jahren Sport und trainiere seit mehr als einem Jahrzehnt Elitesoldaten und Hunderttausende von Männern und Frauen auf der ganzen Welt. Aufgrund meiner führenden Rolle in der Fitnessindustrie achte ich genau und sehr streng darauf, was, wie viel und wann ich esse. Das ist ja mein Job! Dessen ungeachtet esse ich sehr gern und liebe gutes Essen.

Seit ich auf meiner Website (marklauren.com) Rezepte vorstelle, bin ich immer auf der Suche nach kreativen Abwandlungen meiner Lieblingsgerichte, die den Fett-, Kalorien- und Salzgehalt senken, ohne Geschmack und Konsistenz zu beeinträchtigen. Offenbar war ich erfolgreich – so bestätigen es jedenfalls die Leute, denen ich meine Kreationen bisher aufgetischt habe.

Beim Erstellen von Rezepten beachte ich nach Möglichkeit vier Regeln: Sie müssen leicht umzusetzen sein, super und würzig schmecken, die frischesten und besten Zutaten beinhalten und schnell fertig sein. Und schließlich und endlich möchte ich Rezepte anbieten, die bezahlbar sind und nicht die Haushaltskasse sprengen.

Überall, wo ich hinkomme, höre ich von Menschen, die fit werden wollen, die Klage, dass gesundes Essen fade und langweilig sei. Jetzt mal alle aufzeigen, die gerade richtig Appetit auf gedünstete Hähnchenbrust ohne alles haben! Wie ich's mir dachte. Niemand.

Stinklangweiliger Diätfraß ist auch nicht mein Bier. Ich kann dir versichern, dass die folgenden Rezepte, obwohl sie in einem Diätbuch stehen, sich nicht um wässrige Salatblättchen und das Grundnahrungsmittel der Fitnesskost, die magere Hähnchenbrust, drehen. Von dem Zeug könnte ich nicht leben, und du sicher auch nicht.

Vergiss den ganzen Quatsch. Alles Fade und Öde habe ich verbannt und eine Reihe von Rezepten geschaffen, die dir gefallen werden – und die dir bestimmt Spaß machen. Als nützliche Ergänzung ist jedem Rezept eine Liste mit Nährwerten angefügt, in der auch die Kalorien pro Portion angegeben sind, falls du sie zählen möchtest. Ich hoffe, dass dir diese schmack- und nahrhaften Rezepte den Gaumen verwöhnen und dich dadurch auch auf Kurs halten. Sie sind alle so einfach, dass du sie auch ohne Kochkenntnisse hinbekommst. Ach, und übrigens: Wenn zur Zubereitung ein »Grill« angegeben ist, such dir das aus, was für dich am praktischsten ist – ob Grillpfanne, Backofengrill, Mikrowellengrill oder Gartengrill ist egal.

Auf immer gesundes und nie langweiliges Essen!

Smoothies *

*Alle Smoothies zählen als Snack mit schnellem Kraftstoff.

Bananafana-Smoothie

2 PORTIONEN

2 Messlöffel pflanzliches Schoko-Proteinpulver
2 mittelgroße Bananen
2 EL Haferflocken
250 ml Schoko-Mandelmilch
1 EL Mandelmus
1 TL Agavendicksaft
1 EL Chiasamen
6 Eiswürfel
¼ TL Zimt (nach Wunsch)

Alle Zutaten in einen Mixer geben. 125 ml Wasser zugeben. Glatt pürieren.

Nährwerte: 276 kcal pro Portion, 19 g Proteine, 32 g Kohlenhydrate und 8 g Fett.

Inseltraum-Smoothie

2 PORTIONEN

2 Messlöffel pflanzliches Vanille-Proteinpulver
250 ml Mandelmilch
1 tiefgefrorener Pfirsich
½ mittelgroße Banane
1 Scheibe tiefgefrorene Ananas
1 Handvoll Grünkohl
1 Handvoll Spinat
1 EL Leinsamen
1 EL Mandelmus

Alle Zutaten in einen Mixer geben. 125 ml Wasser zugeben. Glatt pürieren.

Nährwerte: 338 kcal pro Portion, 28 g Proteine, 34 g Kohlenhydrate und 20 g Fett.

Mango-Tango-Smoothie

2 PORTIONEN

250 ml Mandelmilch
1 tiefgefrorener Pfirsich
½ tiefgefrorene Mango
2 Messlöffel pflanzliches Vanille-Proteinpulver
1 EL Mandelmus

Alle Zutaten in einen Mixer geben. 125 ml Wasser zugeben. Glatt pürieren.

Nährwerte: 332 kcal pro Portion, 27 g Proteine, 29 g Kohlenhydrate und 12 g Fett.

Beerenstarker Smoothie

2 PORTIONEN

250 ml Mandelmilch
150 g tiefgefrorene Blaubeeren
3 Eiswürfel
2 EL Schmelzflocken
2 Messlöffel pflanzliches Vanille-Proteinpulver
1 EL Chiasamen
2 TL Honig

Alle Zutaten in einen Mixer geben. 125 ml Wasser zugeben. Glatt pürieren.

Nährwerte: 299 kcal pro Portion, 26 g Proteine, 33 g Kohlenhydrate und 7 g Fett.

Banana-Split-Smoothie

2 PORTIONEN

1 Tasse bzw. 150 g Erdbeeren
1 Banane
2 Kugeln Walnuss-Eis
1 Tropfen Vanille-Extrakt
2 Messlöffel Masseaufbau-Pulver Vanille
250 ml Milch
2 Messlöffel Sojaprotein
1 EL Weizenkeime
3 Eiswürfel

Alle Zutaten in einen Mixer geben. 125 ml Wasser zugeben. Glatt pürieren.

Nährwerte: 525 kcal pro Portion, 35 g Proteine, 60 g Kohlenhydrate und 15 g Fett.

Schoko-Mandel-Smoothie

2 PORTIONEN

250 ml Kakao aus Vollmilch
2 Messlöffel Schoko-Proteinpulver
1 EL Mandelmus
1 EL Chiasamen
1 EL Leinsamen
2 Kugeln Walnuss-Eis
3 Eiswürfel

Alle Zutaten in einen Mixer geben. 120 ml Wasser zugeben. Glatt pürieren.

Nährwerte: 464 kcal pro Portion, 31 g Proteine, 40 g Kohlenhydrate und 20 g Fett.

Haferbrei mit Beeren

1 PORTION

4 EL Haferflocken
4 EL Blaubeeren
4 Erdbeeren
2 EL Honig
¼ TL Zimt
1 EL Chiasamen
1 EL Leinsamen

300 ml Wasser in einem Topf aufkochen und Haferflocken einrühren. 5 Minuten auf mittlerer Stufe köcheln lassen, dabei gelegentlich umrühren. In eine Schüssel geben und Blaubeeren, Erdbeeren, Honig, Zimt, Chiasamen und Leinsamen darauf anrichten.

Nährwerte: 422 kcal pro Portion, 10 g Proteine, 89 g Kohlenhydrate und 9 g Fett.

Ei Benedict

1 PORTION

1 TL Essig
1 Ei
½ Toastbrötchen, getoastet
1 Scheibe Kochschinken
1 Scheibe Tomate
3 Scheiben Avocado
1 EL Sauce hollandaise, aus 1 Packung Knorr Sauce hollandaise hergestellt
1 TL gehackte Petersilie

In einen Topf 2,5 cm hoch Wasser füllen und 1 TL Essig zugeben. Wasser zum Sieden bringen. Ei in einer Schüssel vorsichtig aufschlagen und in das siedende Wasser gleiten lassen. Ei 4–5 Minuten pochieren und mit einem Pfannenwender herausholen.

Toastbrötchen mit Kochschinken, Tomate, Avocado und Ei belegen. Sauce hollandaise über das Ei geben. Mit Petersilie bestreuen.

Nährwerte: 201 kcal pro Portion, 13,8 g Proteine, 10,8 g Kohlenhydrate und 11,4 g Fett.

Rührei mit Tomaten und Kartoffeln

1 PORTION

2 Eier
Salz
Schwarzer Pfeffer
2 EL Olivenöl
2 EL gehackte Zwiebel
1 Knoblauchzehe, gehackt
1 Tomate, gehackt
1 Kartoffel, gewürfelt

Eier in einer Schüssel gründlich schlagen. Mit Salz und Pfeffer würzen.

1 EL Öl in Antihaftpfanne auf mittlerer Stufe erhitzen. Zwiebel und Knoblauch dazugeben. 1–2 Minuten anbraten.

Ei-Mischung in die Pfanne zu Knoblauch und Zwiebel geben. Vorsichtig rühren. Tomaten hinzufügen und so lange braten, bis die Mischung stockt.

In einer anderen Pfanne auf mittlerer Stufe den restlichen EL Olivenöl erhitzen. Kartoffelwürfel hineingeben und 10–13 Minuten braten, bis die Würfel braun und zart sind. Mit dem Rührei servieren.

Nährwerte: 332 kcal pro Portion, 9,5 g Proteine, 21,3 g Kohlenhydrate und 23,2 g Fett.

Hinweis: Um mehr Kalorien zu erhalten, kannst du die Menge auf 1½ Portionen erhöhen.

Deftiges Frühstücks-Schnittchen

1 PORTION

½ TL Olivenöl
2 Eier
Salz
Schwarzer Pfeffer
2 Scheiben Schinken
1 Scheibe Vollkornbrot
Einige Blätter junger Spinat

Öl in einer Pfanne auf mittlerer Stufe erhitzen. Eier in die Pfanne geben. Mit Salz und Pfeffer würzen. Hitze reduzieren und 2–3 Minuten braten, bis Eiweiß und Eigelb gestockt sind. Eier auf einen Teller legen.

Schinken in der Pfanne erhitzen und das Brot toasten.

Spinat auf dem Toast verteilen, dann den Schinken und zuoberst die Spiegeleier darauflegen.

Nährwerte: 300 kcal pro Portion, 28 g Proteine, 5,3 g Kohlenhydrate und 18,5 g Fett.

Hinweis: Um mehr Kalorien zu erhalten, kannst du die Menge auf 1½ Portionen erhöhen.

Spiegelei mit Bratkartoffeln

1 PORTION

1½ EL Olivenöl
1 kleine Kartoffel, geschält und in Scheiben geschnitten
Salz
Schwarzer Pfeffer
6 Stangen Spargel
1 Ei
Cholula-Sauce (mexikanische Chilisauce)
Orangenschnitze

½ EL Öl in einer Pfanne auf mittlerer Stufe erhitzen. Kartoffeln hineingeben und etwa 5–6 Minuten braten, bis sie braun und zart sind. Mit Salz und Pfeffer würzen, dann beiseitestellen.

Einen weiteren ½ EL Öl in der Pfanne auf mittlerer Stufe erhitzen. Spargel hineingeben und mit Salz und Pfeffer würzen. 3–4 Minuten schwenken, ebenfalls beiseitestellen.

Den restlichen ½ EL Öl in der Pfanne auf mittlerer Stufe erhitzen. Ei in die Pfanne geben und mit Salz und Pfeffer bestreuen. Hitze reduzieren und 2–3 Minuten braten, bis Eiweiß und Dotter gestockt sind.

Bratkartoffel und Spargel auf einen Teller legen und das Ei auf dem Spargel anrichten. Cholula-Sauce auf das Ei geben. Mit Orangenschnitzen garnieren.

Nährwerte: 213 kcal pro Portion, 7,3 g Proteine, 18,8 g Kohlenhydrate und 21,1 g Fett.

Zucchini-Frittata

1 PORTION

Für die Salsa:

1 Tomate, in Würfel geschnitten
1 TL gehackte Jalapeño
1 TL Limettensaft
1 EL gehackter Koriander

Für die Frittata:

½ EL Olivenöl
1 kleine Kartoffel, gewürfelt
½ gehackte Zwiebel
80 g fein geschnittene Zucchini
2 Eier
Salz
Schwarzer Pfeffer
1 EL Cheddar-Käse oder mittelalter Gouda, gerieben
2 Scheiben Melone

In einer Schüssel alle Zutaten für die Salsa vermengen. Beiseitestellen.

Backofen auf 200 Grad vorheizen.

Das Öl in einer Pfanne auf mittlerer Stufe erhitzen. Kartoffeln hineingeben und 3–4 Minuten braten. In eine Schüssel geben.

Zwiebel und Zucchini in die gleiche heiße Pfanne geben. 2 Minuten braten.

Eier in einer Schüssel verrühren. Mit Salz und Pfeffer würzen, dann Zucchini, Zwiebeln, Kartoffeln und Käse zugeben.

Auflaufform mit ein wenig Olivenöl einfetten und die Ei-Mischung in die Auflaufform gießen. 15–17 Minuten backen.

Frittata aus der Form lösen und auf einen Teller geben. Mit Salsa und Melone servieren.

Nährwerte: 394 kcal pro Portion, 18,5 g Proteine, 34,8 g Kohlenhydrate und 20,1 g Fett.

Spiegelei mit sautierten Zucchini

1 PORTION

2 TL Olivenöl
½ kleine Zwiebel, gehackt
160 g fein gehackte grüne Zucchini
160 g fein gehackte gelbe Zucchini
Salz
Schwarzer Pfeffer
2 Eier

1 TL Öl in einer Pfanne auf mittlerer Stufe erhitzen. Zwiebel hineingeben und 1–2 Minuten anbraten. Zucchinischeiben dazugeben und 3–5 Minuten sautieren, bis sie weich sind. Mit Salz und Pfeffer würzen, beiseitestellen.

Den restlichen TL Öl in der Pfanne auf mittlerer Stufe erhitzen, dann auf niedrige Stufe zurückschalten. Eier hineingeben und 2–3 Minuten braten, bis Eiweiß und Eigelb gestockt sind. Mit Salz und Pfeffer würzen. Zusammen mit den Zucchini servieren.

Nährwerte: 268 kcal pro Portion, 15 g Proteine, 16 g Kohlenhydrate und 16 g Fett.

Hinweis: Um mehr Kalorien zu erhalten, kannst du die Menge auf 1½ Portionen erhöhen.

Rührei mit grünen Bohnen und Schinken

1 PORTION

Salz
1 Tasse bzw. 100 g grüne Bohnen, in 2,5 cm lange Stücke geschnitten
2 Eier
Schwarzer Pfeffer
½ EL Olivenöl
4 EL Schinkenwürfel

Einen kleinen Topf zur Hälfte mit Wasser füllen. Zum Kochen bringen, Salz und grüne Bohnen hineingeben. 5–6 Minuten kochen lassen. Bohnen gut abtropfen lassen.

Die Eier in einer Schüssel schlagen. Mit Salz und Pfeffer würzen.

Öl in einer Pfanne auf mittlerer Stufe erhitzen. Grüne Bohnen und Schinkenwürfel hineingeben. 2–3 Minuten garen. Ei-Mischung dazugießen, vorsichtig umrühren und braten, bis das Ei stockt.

Nährwerte: 272 kcal, 26 g Proteine, 15 g Kohlenhydrate und 12 g Fett.

Hinweis: Um mehr Kalorien zu erhalten, kannst du die Menge auf 1½ Portionen erhöhen.

Pilz-Aufläufchen

1 PORTION

½ EL Olivenöl
½ kleine Zwiebel, gehackt
4 mittelgroße Champignons, in Scheiben geschnitten
Salz
Schwarzer Pfeffer
1 Ei

Backofen auf 200 Grad vorheizen. Öl in einer Pfanne auf mittlerer Stufe erhitzen. Zwiebel und Pilze hineingeben. 2–3 Minuten anbraten. Mit Salz und Pfeffer würzen.

Pilz-Zwiebel-Mischung in ein Auflaufförmchen geben. Ei darüber aufschlagen. 10–12 Minuten im Ofen backen, bis das Eiweiß fest und das Eigelb wachsweich ist. Mit Salz und Pfeffer abschmecken.

Nährwerte: 201 kcal, 7,3 g Proteine, 14,3 g Kohlenhydrate und 12,8 g Fett.

Ziegenkäse-Omelett

1 PORTION

1 EL Olivenöl
2 EL gehackte Zwiebel
einige Champignonscheiben
¼ grüne Paprika, gewürfelt
¼ rote Paprika, gewürfelt
1 Ei
2 Eiweiß
Salz
Schwarzer Pfeffer
1 EL Ziegenkäse, gerieben

½ EL Öl in einer Pfanne auf mittlerer Stufe erhitzen. Zwiebel, Champignons und Paprika hineingeben und 2–3 Minuten anbraten. Beiseitestellen.

In einer Schüssel Ei und Eiweiß schlagen. Mit Salz und Pfeffer würzen.

Den restlichen ½ EL Olivenöl in einer Pfanne auf mittlerer Stufe erhitzen. Ei-Mischung hineingeben und durch Schwenken in der Pfanne verteilen. 1–2 Minuten garen.

Die Hälfte der Füllung auf das Omelett geben, dann das Omelett zuklappen. Den Rest der Füllung darauf anrichten und mit Ziegenkäse bestreuen.

Nährwerte: 205 kcal pro Portion, 13,5 g Proteine, 7,3 g Kohlenhydrate und 13,6 g Fett.

Mittagessen mit schnellem Kraftstoff

Grillhähnchen-Gemüse-Sandwich

1 PORTION

90 g Hähnchenbrustfilet
Salz
Schwarzer Pfeffer
1 kleine Zucchini, längs in dünne Streifen geschnitten
½ großer Champignon, in Scheiben geschnitten
3 Auberginenscheiben
½ rote Paprika, in Streifen geschnitten
Baguettebrötchen (60 g)
Einige Spinatblätter

Grill auf höchster Stufe vorheizen. Hähnchenbrust mit Salz und Pfeffer würzen. 3–4 Minuten von jeder Seite grillen (oder bis sie ganz durchgegart ist).

Gemüse mit Salz und Pfeffer würzen. Ebenfalls 3–4 Minuten grillen, bis es zart ist.

Brötchen halbieren. Erst mit Blattspinat, dann mit Hähnchenbrust und Gemüse belegen.

Nährwerte: 393 kcal pro Portion, 30,3 g Proteine, 59,3 g Kohlenhydrate und 3,9 g Fett.

Hähnchenschnitzel mit grünen Bohnen

1 PORTION

120 g Hähnchenbrustfilet
¼ TL Salz
¼ TL schwarzer Pfeffer
¼ TL Knoblauchpulver
4 EL Semmelbrösel
16 grüne Bohnen, geputzt
½ EL Olivenöl
2 Knoblauchzehen, gehackt

Ofen auf 200 Grad vorheizen. Hähnchenbrust mit Salz, Pfeffer und Knoblauchpulver würzen und in Semmelbröseln wälzen. Semmelbrösel andrücken. Hähnchenschnitzel goldbraun backen (ca. 16–20 Minuten).

Einen kleinen Topf mit Wasser bei starker Hitze zum Kochen bringen. Bohnen hineingeben und für 5–6 Minuten blanchieren. Gut abtropfen lassen.

Olivenöl in einer Pfanne auf mittlerer Stufe erhitzen. Knoblauch und grüne Bohnen hineingeben. 2–3 Minuten sautieren. Mit Salz und Pfeffer würzen und zusammen mit dem Hähnchenschnitzel servieren.

Nährwerte: 357 kcal pro Portion, 29 g Proteine, 3,8 g Kohlenhydrate und 9,6 g Fett.

Hinweis: Um mehr Kalorien zu erhalten, kannst du die Menge auf 1½ Portionen erhöhen.

Puten-Pita

1 PORTION

1 kleine Vollkornpita
120 g Putenaufschnitt, dünn geschnitten
1 kleine Tomate, in Scheiben geschnitten
6 Gurkenscheiben
½ Avocado, in Scheiben geschnitten
2 Salatblätter

Pita-Brot in zwei Hälften schneiden. Mit Putenaufschnitt und Salat füllen.

Nährwerte: 241 kcal pro Portion, 22 g Proteine, 108 g Kohlenhydrate und 5 g Fett.

Gerstensalat mit Lachs

1 PORTION

90 g Lachsfilet
½ rote Paprika, entkernt
6 Spargelstangen
1 kleine Zucchini, klein geschnitten
1 EL gehackte Petersilie
½ TL Salz
¼ TL schwarzer Pfeffer
2 TL Zitronensaft
½ TL Dijon-Senf
1 Tasse bzw. 200 g gekochte Gerste
Salatblätter

Grill auf höchster Stufe vorheizen. Lachs 5–6 Minuten grillen, dann in 2,5 cm große Stücke schneiden.

Paprika, Spargel und Zucchini 4 Minuten grillen, bis das Gemüse zart ist. Gemüse in 2,5 cm lange Streifen schneiden.

Lachs und Gemüse in eine Schüssel geben und mit Petersilie, Salz, Pfeffer, Zitronensaft und Senf vermengen. Gerste auf Salatblättern anrichten und mit Lachs und Gemüse krönen.

Nährwerte: 418 kcal pro Portion, 31,5 g Proteine, 58 g Kohlenhydrate und 6,7 g Fett.

Fruchtiger Krabbensalat

1 PORTION

2 TL Olivenöl
120 g geschälte Krabben
Salz
Pfeffer
1 Orange, geschält und zerteilt
½ Grapefruit, geschält und zerteilt
5 Kirschtomaten, halbiert
½ rote Zwiebel, klein geschnitten
½ Apfel (z. B. Gala), klein geschnitten
⅓ mittelgroße Gurke, klein geschnitten
1 EL frische Minze, gehackt

1 TL Öl in einer Pfanne auf mittlerer Stufe erhitzen. Krabben mit Salz und Pfeffer würzen. 3–4 Minuten sautieren.

Orange, Grapefruit, Tomaten, Zwiebel, Apfel, Gurke und Minze mit dem restlichen TL Öl in eine große Schüssel geben. Mit Salz und Pfeffer würzen und vermengen.

Salat auf einen Teller geben und die Krabben darauf anrichten.

Nährwerte: 393 kcal pro Portion, 28 g Proteine, 41 g Kohlenhydrate und 13 g Fett.

Hinweis: Um mehr Kalorien zu erhalten, kannst du die Menge auf 1½ Portionen erhöhen.

Tofu-Nudeln Singapur

1 PORTION

60 g Reisnudeln
1 TL Olivenöl
½ kleine Zwiebel, gehackt
1 Knoblauchzehe, gehackt
¼ rote Paprika, klein geschnitten
¼ grüne Paprika, klein geschnitten
120 g Tofu
4 EL Sojasprossen
60 g Seitan
3 EL Sojasauce
¼ TL schwarzer Pfeffer
¼ TL Currypulver
1 Frühlingszwiebel, gehackt

Reisnudeln 20 Minuten in Wasser einweichen, dann abtropfen lassen. Wasser in einem Topf bei starker Hitze zum Kochen bringen. Nudeln in das kochende Wasser geben und 2–3 Minuten kochen. Abgießen.

Öl in einer Pfanne auf mittlerer Stufe erhitzen. Zwiebel und Knoblauch hineingeben und 1–2 Minuten anbraten.

Paprika, Tofu, Sojasprossen und Seitan dazugeben. 3–4 Minuten braten.

Reisnudeln, Sojasauce, Pfeffer und Currypulver dazugeben. Noch 2–3 Minuten mitbraten.

In eine Schüssel geben und mit Frühlingszwiebel bestreuen.

Nährwerte: 411 kcal pro Portion, 33 g Proteine, 36 g Kohlenhydrate und 15 g Fett.

Hinweis: Um mehr Kalorien zu erhalten, kannst du die Menge auf 1½ Portionen erhöhen.

Club-Salat

1 PORTION

¼ TL Salz
120 g Hähnchenbrustfilet
2 Handvoll Romanasalat, gehackt
3 Speckstreifen, gebraten
¼ Avocado, gehackt
3 Kirschtomaten, halbiert
1 EL Balsamico-Essig
¼ TL schwarzer Pfeffer
⅛ TL Senf
¼ TL gehackter Knoblauch
½ EL Olivenöl

Einen kleinen Topf zur Hälfte mit Wasser füllen und zum Kochen bringen. Salz und Hähnchenbrust hineingeben und 12–15 Minuten kochen (oder bis das Fleisch gar ist). Hähnchenbrust auf einen Teller legen, abkühlen lassen, dann in große Würfel schneiden.

Hähnchenbrust mit den restlichen Zutaten in einer Schüssel gut vermengen, sodass alles mit Sauce bedeckt ist.

Nährwerte: 317 kcal pro Portion, 29 g Proteine, 21,3 g Kohlenhydrate und 16,5 g Fett.

Grillhähnchen mit Spinat

1 PORTION

90 g Hähnchenbrustfilet
1 EL Olivenöl
¾ TL Salz
½ TL schwarzer Pfeffer
1 Knoblauchzehe, gehackt
1 Zucchini, in Scheiben geschnitten
1 Tasse bzw. 70 g Champignons, in Scheiben geschnitten
1 Handvoll Spinat
1 Tomate, geschält, entkernt und gewürfelt

Grill vorheizen. Hähnchenbrust mit ½ EL Öl, ½ TL Salz und ¼ TL Pfeffer einreiben. Hähnchenbrust 7–8 Minuten von jeder Seite grillen, bis sie durchgegart ist.

Restlichen ½ EL Öl in einer Pfanne auf mittlerer Stufe erhitzen. Knoblauch hineingeben und 30 Sekunden anbraten. Zucchini und Pilze dazugeben und 2–3 Minuten braten. Spinat, Tomaten, den restlichen ¼ TL Salz und den restlichen ¼ TL Pfeffer dazugeben. Weitere 1–2 Minuten braten und abschmecken. Gemüse zusammen mit der Hähnchenbrust servieren.

Nährwerte: 258 kcal pro Portion, 27 g Proteine, 6 g Kohlenhydrate und 14 g Fett.

Ahi-Salat

1 PORTION

120 g Ahi-Thunfisch-Steak (Gelbflossenthunfisch, alternativ Steak einer anderen Thunfischart)
Salz
Pfeffer
1½ EL Olivenöl
1 EL Zitronensaft
3 Radieschen, klein geschnitten
⅓ Gurke, klein geschnitten
1 Handvoll gemischter Blattsalat
½ Karotte, in dünne Scheiben geschnitten

Thunfisch mit Salz und Pfeffer würzen. ½ EL Olivenöl in der Pfanne auf hoher Stufe erhitzen. Thunfischsteak 7–10 Minuten braten, dabei einmal wenden. Thunfisch nicht durchgaren, er muss in der Mitte rosa sein. Aus der Pfanne nehmen und in dünne Scheiben schneiden.

In einer großen Schüssel Zitronensaft, ¼ TL Salz, ¼ TL Pfeffer und den restlichen EL Öl gut durchmischen. Radieschen, Gurke, Gemüse und Karotten dazugeben und gründlich mit der Sauce vermengen.

Salat auf einen Teller geben und die Thunfischscheiben darauf anrichten.

Nährwerte: 422 kcal pro Portion, 28 g Proteine, 30,5 g Kohlenhydrate und 20 g Fett.

Hähnchen-Minestrone

1 PORTION

120 g Hähnchenbrustfilet
½ EL Olivenöl
1 Knoblauchzehe, fein gehackt
2 EL gehackte Zwiebel

½ TL Salz
½ TL schwarzer Pfeffer
1 Karotte, gehackt
1 kleine Tomate, gehackt
10 grüne Bohnen, in Stücke geschnitten
⅓ Zucchini, gehackt
1 Glas Hühnerbrühe (450 ml)
2 TL Geflügelgewürz
1 Prise gehackte Petersilie

Hähnchenbrust in einer kleinen beschichteten Pfanne bei mittlerer Hitze 10–12 Minuten ohne Fett sautieren, bis sie durchgegart ist. Aus der Pfanne nehmen und in kleine Würfel schneiden.

Öl in der Pfanne auf mittlerer Stufe erhitzen. Knoblauch und Zwiebel hineingeben und 1 Minute braten. Hähnchenbrust, Salz und Pfeffer dazugeben. Karotten, Tomaten, Bohnen, Zucchini, Hühnerbrühe und Gewürzmischung dazugeben und alles zusammen 20 Minuten köcheln lassen. Mit Petersilie garniert servieren.

Nährwerte: 310 kcal pro Portion, 31 g Proteine, 24 g Kohlenhydrate und 10 g Fett.

Brokkolisalat

1 PORTION

1 kleiner Brokkoli, Stiel entfernt
¼ TL Salz
3 Kirschtomaten, halbiert
½ Tasse bzw. 80 g Schinkenwürfel
¼ rote Paprika, klein geschnitten
1 EL Rotweinessig
½ EL Olivenöl
¼ TL schwarzer Pfeffer
¼ TL Dijon-Senf

Einen Topf zur Hälfte mit Wasser füllen und zum Kochen bringen. Brokkoli und Salz hineingeben. 3–4 Minuten blanchieren. Brokkoli abgießen und mit kaltem Wasser abspülen.

Brokkoli mit den anderen Zutaten in eine große Schüssel geben und gut vermengen. Bei Bedarf mit Salz abschmecken.

Nährwerte: 305 kcal pro Portion, 15 g Proteine, 18,5 g Kohlenhydrate und 19 g Fett.

Hinweis: Um mehr Kalorien zu erhalten, kannst du die Menge auf 1½ Portionen erhöhen.

Hähnchen-Fajitas

1 PORTION

Für die Salsa:

1 kleine Tomate, gewürfelt
½ Jalapeño, gewürfelt
1 EL Koriander, gehackt
1 EL Zwiebel, gewürfelt
1 TL Limettensaft
½ TL Salz

Für die Fajitas:

120 g Hähnchenbrustfilet, in 1 cm dicke Streifen geschnitten
½ TL Limettensaft
1 EL + ½ TL Olivenöl
½ TL Salz
¼ TL schwarzer Pfeffer
¼ TL Chilipulver
1 Prise gemahlener Kreuzkümmel
¼ TL Paprikapulver
¼ TL Knoblauchpulver
¼ TL Zwiebelpulver
Je ½ rote, grüne und gelbe Paprika, in dünne Streifen geschnitten
¼ Zwiebel, in Scheiben geschnitten
2 kleine Tortillas
2 Limettenschnitze

Salsa-Zutaten in einer Schüssel vermengen und beiseitestellen.

Hähnchenbrust, Limettensaft, ½ TL Öl, Salz, Pfeffer, Chilipulver, Kreuzkümmel, Paprika-, Knoblauch- und Zwiebelpulver in einer anderen Schüssel gut vermengen. Mindestens 20 Minuten (bis zu 24 Stunden) kühl stellen.

½ EL Öl in einer Pfanne auf mittlerer Stufe erhitzen. Hähnchenstreifen hineingeben und 5–6 Minuten braten, bis sie durchgegart sind. Hähnchenbrust aus Pfanne nehmen und auf einen Teller legen.

In der gleichen Pfanne den restlichen ½ EL Öl erhitzen. Paprika und Zwiebel anbraten, bis sie zart sind. Aus der Pfanne nehmen und mit dem Hähnchen vermischen.

Tortillas in der gleichen Pfanne erwärmen. Hähnchen-Gemüse-Mischung auf den beiden Tortillas verteilen und die Salsa dazugeben.

Nährwerte: 478 kcal pro Portion, 32 g Proteine, 47 g Kohlenhydrate und 18 g Fett.

Hinweis: Um mehr Kalorien zu erhalten, kannst du die Menge auf 1½ Portionen erhöhen.

Gegrilltes Fischfilet mit Krautsalat und Reis

1 PORTION

Für den Fisch:

1 TL Olivenöl
100 g Welsfilet (oder anderes weißes Fischfilet)
¼ TL Salz
¼ TL schwarzer Pfeffer
¼ TL Knoblauchpulver
¼ TL Zwiebelpulver
¼ TL Paprikapulver
¼ TL Chilipulver
¼ TL Cayennepfeffer

Für den Krautsalat:

2 TL Reisessig
1 TL Zucker
¼ TL Salz
¼ TL schwarzer Pfeffer
⅛ Kopf Weißkohl, fein geraspelt
½ Karotten, gerieben (Julienne)
Für den Reis:
¼ Tasse bzw. 50 g gekochter Reis
1 TL Koriander, gehackt
Zitronenschnitze

Fisch mit Öl und Gewürzen einreiben. 4–5 Minuten von jeder Seite grillen. Der Fisch ist fertig, wenn er unter der Gabel zerfällt.

Für den Krautsalat Reisessig, Zucker, Salz, und Pfeffer in einer Schüssel durchmischen. Kohl und Karotten dazugeben und gründlich vermengen.

Den Reis mit Koriander vermengen. Fisch mit Krautsalat, Reis und Zitronenschnitzen servieren.

Nährwerte: 296 kcal pro Portion, 25 g Proteine, 23 g Kohlenhydrate und 7 g Fett.

Mango-Salat mit Meeresfrüchten

1 PORTION

120 g Garnelen, geschält
60 g Tintenfischringe
⅓ Gurke, klein geschnitten
½ Tasse bzw. 60 g Yambohne (oder Topinambur), klein geschnitten
¼ Mango, klein geschnitten
2 Radieschen, in Scheiben geschnitten
1 EL Limettensaft
½ Chilischote, in dünne Scheiben geschnitten
1 EL gehackter Koriander

Einen mittelgroßen Topf mit Wasser zum Kochen bringen. Garnelen und Tintenfisch 3–4 Minuten gar kochen. Abtropfen lassen.

Die anderen Zutaten in eine Schüssel geben und vermengen. Meeresfrüchte darauf anrichten.

Nährwerte: 419 kcal pro Portion, 36 g Proteine, 26 g Kohlenhydrate und 3 g Fett.

Hinweis: Um mehr Kalorien zu erhalten, kannst du die Menge auf 1½ Portionen erhöhen.

Steak mit Pommes

1 PORTION

1 Kartoffel, geschält und in dicke Schnitze geschnitten
Salz
Schwarzer Pfeffer
10 Stangen Spargel
120 g Rumpsteak
½ EL Olivenöl

Backofen auf 200 Grad vorheizen. Ein Backblech mit Backpapier auslegen. Kartoffelschnitze mit Salz und Pfeffer würzen und 15 Minuten backen. Spargel neben die Pommes legen und noch 7–10 Minuten mitbacken, bis das Gemüse zart ist.

Steak mit ¼ TL Salz und ¼ TL Pfeffer einreiben. Olivenöl in einer Pfanne auf hoher Stufe erhitzen. Steak auf jeder Seite 5–6 Minuten braten. Auf einen Teller legen und 5 Minuten ruhen lassen.

Steak mit Ofenpommes und Spargel servieren.

Nährwerte: 435 kcal pro Portion, 30 g Proteine, 36 g Kohlenhydrate und 19 g Fett.

Hinweis: Um mehr Kalorien zu erhalten, kannst du die Menge auf 1½ Portionen erhöhen.

Zucchinischiffchen mit Orzo

1 PORTION

½ Salsiccia (Fenchelwürstchen, ersatzweise Nürnberger), ohne Pelle
1 Zucchini, längs halbiert
1 Roma-Tomate, in 6 Scheiben geschnitten
2 EL geriebener Parmesan
Salz
Schwarzer Pfeffer
1 EL glatte Petersilie, gehackt
60 g Orzo-Nudeln

Eine kleine Pfanne auf mittlerer Stufe erhitzen. Wurstbrät hineingeben und mit einem Löffel zerteilen. 3–4 Minuten braten, bis es nicht mehr rosa ist.

Ofen auf 180 Grad vorheizen. Zucchini mit der Schnittfläche nach oben auf ein Backblech legen, mit einer Schicht aus Tomatenscheiben und Wurstbrät bedecken, mit Salz und Pfeffer würzen und mit Parmesan bestreuen. Etwa 20 Minuten backen, bis die Zucchini gar ist.

2 Liter Salzwasser zum Kochen bringen. Nudeln hineingeben und 9 Minuten kochen, bis sie weich sind. Gut abtropfen lassen. Zusammen mit den gefüllten Zucchini servieren.

Nährwerte: 377 kcal pro Portion, 17 g Proteine, 48 g Kohlenhydrate und 13 g Fett.

Hinweis: Um mehr Kalorien zu erhalten, kannst du die Menge auf 1½ Portionen erhöhen.

Abendessen mit langsamem Kraftstoff

Kräuterhähnchen vom Grill mit Rosenkohl

1 PORTION

120 g Hähnchenbrustfilet
½ EL Olivenöl
1 EL frischer Rosmarin, gehackt
1 TL frischer Thymian, gehackt
Salz
Schwarzer Pfeffer
8 Rosenkohlröschen, geputzt und längs halbiert
5 Blumenkohlröschen
1 EL glatte Petersilie, gehackt

Hähnchenbrust mit Öl, Rosmarin, Thymian, Salz und Pfeffer einreiben. Beiseitestellen.

Ofen auf 220 Grad vorheizen. Rosenkohl und Blumenkohl mit Salz und Pfeffer würzen. Auf ein Backblech legen und 25–30 Minuten backen.

Grill anheizen, Grillrost ölen. Mit einer Zange die Hähnchenbrust auf den Grill legen. 5–6 Minuten von jeder Seite grillen, bis sie gar ist. Mit gebackenem Rosenkohl und Blumenkohl servieren. Mit Petersilie garnieren.

Nährwerte: 239 kcal pro Portion, 13 g Fett, 24,8 g Kohlenhydrate und 9,8 g Fett.

Hinweis: Um mehr Kalorien zu erhalten, kannst du die Menge auf 1½ Portionen erhöhen.

Hähnchen- und Gemüseschaschlik

1 PORTION

Für die Sauce:

1 TL Salz
½ TL schwarzer Pfeffer
1 Knoblauchzehe, gehackt
1 EL Olivenöl
3 EL Koriander, gehackt
1 TL Limettensaft
½ TL rote Peperoni, zerstoßen

Für Hähnchen und Gemüse:

90 g Hähnchenbrustfilet, in 4 Streifen geschnitten
½ rote Paprika, in 3-cm-Stücke geschnitten
½ grüne Paprika, in 3-cm-Stücke geschnitten
4 Pilze
½ rote Zwiebel, in 4 Achtel geschnitten
½ Zucchini, in 1-cm-Scheiben geschnitten

Alle Zutaten für die Sauce vermengen. Sauce auf zwei Schüsseln verteilen.

Für Huhn und Gemüse die Hähnchenstreifen in eine der beiden Schalen legen und in der Sauce wenden. 10 Minuten marinieren. Gemüse in die andere Schüssel legen, in der Sauce wenden, ebenfalls 10 Minuten ziehen lassen.

4 Schaschlikspieße 10 Minuten in Wasser tränken. Marinierte Hähnchenstreifen auf 2 Spieße aufspießen, Gemüse auf die beiden anderen. Die Saucenreste wegkippen. Hähnchenspieße und Gemüsespieße 6–8 Minuten grillen, bis das Fleisch gar und das Gemüse zart ist.

Nährwerte: 263 kcal pro Portion, 22 g Proteine, 19 g Kohlenhydrate und 11 g Fett.

Hinweis: Um mehr Kalorien zu erhalten, kannst du die Menge auf 1½ Portionen erhöhen.

Nackiges Hähnchen-Burrito

1 PORTION

90 g gegrilltes Hähnchenbrustfilet
1 EL Olivenöl
¾ TL Salz
¼ TL schwarzer Pfeffer
¼ TL Paprikapulver
¼ TL Chilipulver
¼ TL Zwiebelpulver
¼ TL Knoblauchpulver
¼ Dose schwarze Bohnen
1 Tomate, gehackt
½ Jalapeño, gehackt
1 EL Koriander, gehackt
1 EL Zwiebel, gehackt
1 TL Limettensaft
2 Handvoll Romanasalat, gehackt
3 Scheiben Avocado, gehackt

Hähnchen mit Öl, ¼ TL Salz, Pfeffer, Paprika-, Chili-, Zwiebel- und Knoblauchpulver einreiben.

Pfanne oder Grillpfanne auf mittlerer Stufe erhitzen und Hähnchenbrust 8–9 Minuten von jeder Seite grillen oder braten, bis sie durchgegart ist. Vom Herd nehmen, etwas abkühlen lassen und zerkleinern.

Bohnen mit ein wenig Wasser in einen Topf geben. 10 Minuten köcheln lassen und abtropfen lassen.

Tomate, Jalapeño, Koriander, Zwiebeln, Limettensaft und ½ TL Salz in einer Schüssel zu einer Tomaten-Mischung vermengen. Beiseitestellen.

Romanasalat und Avocado in eine Schüssel geben. Hähnchenbrust und Bohnen dazugeben. Obendrauf die Tomatenmischung anrichten.

Nährwerte: 405 kcal pro Portion, 33 g Proteine, 30 g Kohlenhydrate und 17 g Fett.

Hinweis: Um mehr Kalorien zu erhalten, kannst du die Menge auf 1½ Portionen erhöhen.

Flanksteak mit Grillgemüse-Salat

1 PORTION

90 g Flanksteak
1¼ TL Salz

1¼ TL schwarzer Pfeffer
½ großen Champignon
½ Zucchini, in 1-cm-Scheiben geschnitten
½ grüne Paprika
½ rote Paprika
3 Auberginenscheiben, in 1-cm-Streifen geschnitten
¼ rote Zwiebel, in dicke Scheiben geschnitten
2 TL Olivenöl
¼ TL frischer Rosmarin, gehackt
½ Knoblauchzehe, fein gehackt
1 TL Dijon-Senf
1 TL Balsamico-Essig

Steak mit ¼ TL Salz und ¼ TL schwarzer Pfeffer würzen. Steak bis zur gewünschten Garstufe grillen (für *medium* sind es 7–8 Minuten). Steak auf einen Teller legen und 5 Minuten ruhen lassen.

Pilz, Zucchini, Paprika, Auberginen und Zwiebel grillen, bis sie zart sind. Gemüse zerkleinern.

In einer großen Schüssel 1 EL Wasser, Öl, den restlichen TL Salz und den restlichen TL Pfeffer, Rosmarin, Knoblauch, Senf und Balsamico verrühren. Grillgemüse dazugeben und gut vermengen.

Steak in Streifen schneiden und zusammen mit dem Gemüsesalat servieren.

Nährwerte: 343 kcal pro Portion, 23 g Proteine, 20 g Kohlenhydrate und 19 g Fett.

Schweinekotelett mit jungem Brokkoli

1 PORTION

1 Schweinekotelett à 120 g
Salz
½ TL schwarzer Pfeffer
½ EL Olivenöl
230 g junger Brokkoli

Kotelett mit Salz und Pfeffer würzen. Öl in einer Pfanne auf mittlerer Stufe erhitzen. Kotelett 6–7 Minuten von jeder Seite braten, bis es durchgegart ist.

Inzwischen einen Topf mit Salzwasser zum Kochen bringen. Brokkoli hineingeben und 3–4 Minuten garen, bis er weich ist. Gut abtropfen lassen und zusammen mit dem Kotelett servieren.

Nährwerte: 281 kcal pro Portion, 27 g Proteine, 14 g Kohlenhydrate und 13 g Fett.

Hinweis: Um mehr Kalorien zu erhalten, kannst du die Menge auf 1½ Portionen erhöhen.

Sirloin-Steak mit Blumenkohlpüree

1 PORTION

Für das Blumenkohlpüree:

¼ Blumenkohl
½ Karotte, in Scheiben geschnitten
1 EL Milch
½ EL Butter
⅛ TL Salz
⅛ TL schwarzer Pfeffer

Für die Pilzsauce:

½ EL Butter
¼ TL Knoblauch, gehackt
1 TL Zwiebel, gehackt
1–2 Champignons, klein geschnitten
½ TL Speisestärke
60 ml Rinderbrühe
½ TL Petersilie, gehackt
⅛ TL Salz
¼ TL schwarzer Pfeffer

Für das Steak:

120 g Rindersteak vom hinteren Ende des flachen Roastbeefs (dem oberen Teil der Nuss neben der Unterschale)
¼ TL Salz
¼ TL schwarzer Pfeffer
½ EL Olivenöl

Für das Püree einen Topf mit 370 ml Wasser füllen. Blumenkohl und Karotte in den Topf geben und auf mittlerer Stufe 8–10 Minuten kochen. Abtropfen lassen und Blumenkohl und Karotte in die Küchenmaschine geben. Milch, Butter, Salz und Pfeffer dazugeben. Glatt pürieren.

Für die Sauce die Butter in einem kleinen Topf auf mittlerer Stufe erhitzen. Knoblauch, Zwiebel und Pilze hineingeben und 1 Minute anbraten. Stärke in lauwarmer Rinderbrühe glatt rühren, in den Topf einrühren und 3–4 Minuten köcheln lassen, bis die gewünschte Dicke erreicht ist. Petersilie, Salz und Pfeffer dazugeben und gut umrühren.

Steak mit Salz und Pfeffer einreiben. Pfanne auf mittlerer Stufe erhitzen und Öl hineingeben. Das Steak 4–5 Minuten von jeder Seite bis zur gewünschten Garstufe braten.

Das Steak auf einen Teller legen und mit der Sauce übergießen. Mit Blumenkohlpüree servieren.

Nährwerte: 531 kcal pro Portion, 26 g Proteine, 16 g Kohlenhydrate und 44 g Fett.

Snacks mit schnellem Kraftstoff *

*Auch alle Smoothies zählen als Snack mit schnellem Kraftstoff.

Eiersalat auf Toast

1 PORTION

2 Eier, gekocht, geschält und gehackt
1 EL Mayonnaise
Schwarzer Pfeffer
1 EL Staudensellerie, fein gehackt
¼ TL Dijon-Senf
1 Scheibe Toast

Eier in eine Schüssel geben. Mayonnaise, 1 Prise Pfeffer, Sellerie und Senf dazugeben und gut mischen. Toast schräg in zwei Teile schneiden. Eiersalat auf den beiden Teilen verteilen.

Nährwerte: 322 kcal pro Portion, 16 g Proteine, 16 g Kohlenhydrate und 21,5 g Fett.

Hinweis: Um mehr Kalorien zu erhalten, kannst du die Menge auf 1½ Portionen erhöhen.

Proteinreiche Karottenkugeln

12 KUGELN

¾ Tasse bzw. 60 g Kokosraspeln, ungesüßt
6 Datteln, entsteint
¾ Tasse bzw. 80 g Walnüsse oder andere Nüsse
½ Tasse bzw. 60 g Karotten, geraspelt
¼ Tasse bzw. 30 g Proteinpulver
60 ml ungesüßtes Apfelmus
1 TL reiner Vanilleauszug
1 TL gemahlener Zimt
1 TL geriebene Muskatnuss
¼ TL gemahlene Nelken

Die Hälfte der Kokosraspeln in einem flachen Teller zum Wälzen beiseitestellen. Die restlichen Zutaten in die Küchenmaschine geben und mixen, bis sie vollständig vermengt sind. Aus der Mischung 2,5 cm dicke Kugeln formen, in den Kokosraspeln wälzen, bis sie ganz damit bedeckt sind. Ein paar Stunden oder über Nacht kühl stellen, dann servieren. Gekühlt aufbewahren oder in einem luftdichten Behälter einfrieren. Dann halten sie sich ein paar Monate.

Nährwerte: 88 kcal pro Bissen, 3,5 g Proteine, 12 g Kohlenhydrate und 3 g Fett.

Zucchinipuffer mit Räucherlachs

1 PORTION

1 Zucchini, geraspelt
1 Ei
¼ TL Salz
¼ TL schwarzer Pfeffer
1 EL Mehl
¼ EL Olivenöl
60 g Räucherlachs

In einer Schüssel die Zucchiniraspeln mit Ei, Salz, Pfeffer und Mehl vermengen.

Olivenöl in einer großen Pfanne auf mittlerer Stufe erhitzen. Zucchinimischung löffelweise in die Pfanne geben, je 3 EL ergeben einen Puffer. Jeden Puffer 2–3 Minuten von beiden Seiten bräunen. Mit geräuchertem Lachs servieren.

Nährwerte: 262 kcal pro Portion, 20,5 g Proteine, 13,5 g Kohlenhydrate und 14 g Fett.

Hinweis: Um mehr Kalorien zu erhalten, kannst du die Menge auf 1½ Portionen erhöhen.

Krebs-Creme auf Avocado

1 PORTION

½ Tasse bzw. 100 g Krebsfleisch
1 EL fettarme Mayonnaise
Schwarzer Pfeffer
Salz
½ Avocado, ohne Stein
1 TL Sesam, geröstet

Krebsfleisch und Mayonnaise in einer Schüssel vermengen. Mit Pfeffer und Salz abschmecken. Krebs-Creme auf der Avocadohälfte anrichten. Mit Sesam bestreuen.

Nährwerte: 264 kcal pro Portion, 8 g Proteine, 8,5 g Kohlenhydrate und 22 g Fett.

Hinweis: Um mehr Kalorien zu erhalten, kannst du die Menge auf 1½ Portionen erhöhen.

Spargel, in Putenaufschnitt gewickelt

1 PORTION

18 Stangen Spargel
6 Scheiben Putenaufschnitt
Salz

Holzige Enden vom Spargel abschneiden. Einen Topf mit Salzwasser zum Kochen bringen. Spargel hineingeben und 5–6 Minuten kochen, dann abtropfen lassen. Je 3 Spargelstangen mit einer Scheibe Putenaufschnitt umwickeln.

Nährwerte: 212 kcal pro Portion, 32 g Proteine, 14 g Kohlenhydrate und 3,1 g Fett.

Hinweis: Um mehr Kalorien zu erhalten, kannst du die Menge auf 1½ Portionen erhöhen.

Gurkenschiffchen

1 PORTION

½ Gurke, längs halbiert
60–90 g Thunfisch, Lachs oder Hummus

Mit einem Löffel die Samen aus den Gurkenhälften kratzen. Mit Thunfisch, Lachs oder Hummus füllen.

Nährwerte: Mit Thunfisch: 89 kcal pro Portion, 16 g Proteine, 5,5 g Kohlenhydrate und 1 g Fett. Mit Hummus oder Lachs: 113 kcal pro Portion, 5,5 g Proteine, 14 g Kohlenhydrate und 5 g Fett.

Hinweis: Bei einer Füllung mit Hummus wird dieses Rezept ein Snack mit schnellem Kraftstoff.

Gemüsekraftsaft

2 PORTIONEN ZU JE 230 ML

1–2 Handvoll Grünkohl oder Spinat
2 große Tomaten, in Stücke geschnitten
½ Gurke, in Scheiben geschnitten
1 große rote Paprika, entkernt und in Viertel geschnitten
2 große Stangen Sellerie
1 große Karotte

Alle Zutaten in der Reihenfolge Grünkohl/Spinat, Tomaten, Gurken, Paprika, Sellerie und Karotte in der Saftpresse verarbeiten (Anweisungen des Herstellers folgen).

Hooya!

Schnell kochen, schmackhaft kochen

Meine Zeit ist oft knapp, wenn ich Essen zubereite. Aber ich habe einige Tricks gelernt, die nicht nur Zeit einsparen, sondern auch noch den Geschmack verbessern. Hier ein schneller Überblick:

Gemüse

- Gemüse vor dem Backen, Sautieren oder Dämpfen mit Kräutern bestreuen.
- In Scheiben geschnittenes Gemüse wie Zucchini, Paprika, Auberginen oder Tomaten im Ofen grillen, bis es leicht gebräunte Ränder bekommt. Warm mit Tomatensauce ohne Zuckerzusatz servieren.
- Zucchini, Aubergine, Zwiebeln, Pilze usw. in ein paar Esslöffeln Olivenöl sautieren, bis es zart ist. Auf Vollkornnudeln servieren: Pasta Primavera – pronto!
- Frisches oder TK-Gemüse in der Mikrowelle garen und für ein intensives Aroma mit Knoblauch, Zwiebeln oder Kräutern wie Rosmarin oder Thymian bestreuen.
- Frischen Spinat oder Grünkohl klein hacken und mit Walnussstücken unter gedämpften Vollkornreis heben.
- Am Wochenende Gemüse zerkleinern und im Kühlschrank lagern. Gleich eine ganze Ladung Paprika, Karotten und Brokkoli schnibbeln. Dann kannst du sie jederzeit auf Salat oder als Snack genießen.
- Gedämpfte Brokkoliröschen und Tomaten mit Vollkornnudeln, gehacktem Knoblauch und etwas Olivenöl vermengen.
- Gekochten Couscous mit gehackter Minze, Frühlingszwiebeln und Olivenöl mischen.

Obst

- Traubenhälften, Apfelstücke oder Pfirsichschnitze in einen Hähnchensalat mit fettarmer oder fettfreier Mayonnaise geben.
- Salate mit einigen ganzen Blaubeeren aufpeppen.
- Erdbeeren mit ein wenig Honig süßen.
- Tiefgefrorene rote Trauben als herrlich süßen Snack genießen.
- Immer TK-Beeren vorrätig halten, um sie in Smoothies oder Müslis zu verwenden.

Fleisch und Fisch

- Im Ofen gegrilltes mageres Fleisch, Geflügel oder Fisch mit Salsa servieren.
- Lachsfilet in grünem Tee mit Ingwer garziehen lassen (bei etwa 75–98 °C).
- Fleisch, Geflügel oder Fisch vor dem Backen oder Grillen mit etwas Olivenöl-Kochspray benetzen, damit die Aromen sich entfalten können.
- Fleisch, Geflügel oder Fisch vor dem Garen in fettarmem italienischen Salatdressing marinieren, dadurch wird es zarter.

9. Kapitel

Fleischloser Kraftstoff

Veganer und Vegetarier fragen mich oft, ob sie den Kraftstoff-Plan durchziehen können, ohne tierische Proteine zu konsumieren. Meine Antwort: Aber sicher. Im Folgenden zeige ich, wie es geht. Ich persönlich bin immer schon Fleischesser gewesen, esse aber so viel pflanzliche Kost, wie ich kann, weil sie für die Ernährung so wertvoll ist. Vegetarier und Veganer wissen das und sind daher oft kerngesund. Ein Speiseplan auf pflanzlicher Basis ist eine hervorragende Ernährungsweise. Außerdem freue ich mich über die weltweit wachsende Zahl von Veganern und Vegetariern – da bleibt mehr Steak für mich übrig.

Es gibt verschiedene Sorten von »Pflanzenfressern«, von Veganern und Veganerinnen, die überhaupt keine tierischen Produkte essen, bis hin zu den sogenannten Pescetariern, die Fleisch und Geflügel verschmähen, sich aber ab und zu etwas Fisch gönnen. Falls du zum veganen Schlag gehörst, besteht deine Ernährung aus Sojaprodukten, Hülsenfrüchten, Getreide, Obst, Gemüse, Nüssen und Saaten. Deinen Proteinbedarf deckst du aus Soja, Hülsenfrüchten, Nüssen und Saaten. Am besten sollten die Hülsenfrüchte deine Hauptproteinquelle sein, da Nüsse schon in kleinen Mengen viel Kalorien enthalten. Du würdest wahrscheinlich zunehmen, wenn du zu viele Nüsse isst.

Es gibt verschiedene Spielarten des Vegetarismus:

Teilvegetarier: Du ernährst dich überwiegend pflanzlich, isst aber Eier und Milchprodukte und von Zeit zu Zeit auch Fleisch, Geflügel oder Fisch – vielleicht bist zu Pescetarier oder Flexitarier. Wenn du zu einer dieser Kategorien gehörst, kannst du problemlos den regulären Kraftstoff-Plan benutzen. Du kannst die Zutaten, die du nicht isst, beispielsweise durch mehr Eier als angegeben ausgleichen. Ersetze einfach die eine Proteinquelle (etwa Lammfleisch) durch eine andere, die deiner Ernährungsweise entspricht (etwa Fisch).

Ovo-Lacto-Vegetarier: Du isst Eier und Milchprodukte, meidest jedoch Geflügel, Fisch und rotes Fleisch. Beim Kraftstoff-Plan kannst du Eier als Proteinquelle nutzen, und den Rest deines Proteinbedarfs deckst du mit Bohnen, Linsen, Nüssen und Saaten. Mein Plan enthält so gut wie keine Milch. Wenn sie in einem Rezept vorkommt, ersetze sie durch vegane Milchprodukte.

Lacto-Vegetarier: Du isst Milchprodukte, meidest aber alle sonstigen tierischen Lebensmittel. Im Kraftstoff-Plan solltest du die veganen Milchersatzprodukte durch deine gewohnten Milchprodukte ersetzen. So erzielst du bessere Ergebnisse.

Wenn du darüber hinaus deine vegane oder vegetarische Ernährung verbessern und mit dem Kraftstoff-Plan kompatibel machen möchtest, empfehle ich Folgendes:

Lege den Schwerpunkt auf pflanzliche Proteine: Wie du weißt, ist eine gute Proteinversorgung die wichtigste Voraussetzung für Muskelwachstum und -regeneration, Fettverbrennung und Appetitregulierung. Veganer und Vegetarier, die Krafttraining betreiben und abnehmen wollen, sollten hochwertige pflanzliche Proteinquellen essen, wie ich sie in dem folgenden Hooya!-Kasten aufliste. Meine Smoothies werden mit veganem Proteinpulver zubereitet und passen daher perfekt zu einer fleischlosen Ernährung.

Tofu ist ebenfalls ein toller Baustein veganer Speisepläne. Es gibt diverse Tofusorten verschiedener Hersteller. Durch Ausprobieren findest du heraus, welche dir am besten schmecken. Das Besondere an Tofu ist, dass er den Geschmack dessen annimmt, worin er gekocht wird. Er schmeckt vorzüglich als Fleischersatz in italienischen oder asiatischen Gerichten.

Hooya!

Hochwertige pflanzliche Proteine

Baked Beans	Kürbiskerne	Schwarze Bohnen, gekocht
Cashewnüsse	Limabohnen, gekocht	Seitan
Edamame	Linsen, gekocht	Sojafleisch
Erbsen, gekocht	Mandelmus	Sonnenblumenkerne
Erdnussbutter	Mandeln	Tempeh
Gemüseburger	Pflanzliches Proteinpulver	Tofu
Hanfsamen	Pilze	Tofuwürstchen
Hummus	Pintobohnen, gekocht	Veganer Joghurt, Natur
Kichererbsen, gekocht	Quinoa, gekocht	Veganer Käse
Kidneybohnen, gekocht	Schwarzaugenbohnen, gekocht	

Achte auf das Verhältnis zwischen langsamen und schnellen Kohlenhydraten: Langsame Kohlenhydrate kannst du in beliebigen Mengen essen, da es sich um kalorienarmes, ballaststoffreiches Gemüse handelt. Auf Seite 40 findest du eine umfangreiche Liste, was dazugehört. Zu den schnellen Kohlenhydraten zählen Obst und stärkehaltige Gemüse – perfekt für eine fleischlose, pflanzliche Ernährung. Iss so viel schnelle Kohlenhydrate, wie es der aktuelle Block vorsieht: vier schnelle Kohlenhydratportionen täglich im 3er-Block, zwei im 2er-Block und eine pro Tag im 1er-Block. Schneller Kraftstoff ist unerlässlich für das Wachstum und die Entwicklung der Muskulatur.

Nimm Fett zu dir: Indem du Nüsse und Saaten isst, versorgst du dich automatisch mit gutem Fett. Nimm, wenn du möchtest, täglich einen Esslöffel Olivenöl, Kokosfett oder Leinöl zu dir, wie es der reguläre Kraftstoff-Plan vorsieht.

Vorsicht bei Getränken und verarbeiteten Lebensmitteln: Trink keine Kalorien in Form von zuckrigen Getränken oder industriellem Fruchtsaft. Bleib beim Wasser und trink viel davon. Meide raffinierten Zucker, Glukose-(Fruktose-)Sirup, Rohrzucker und so weiter. Finger weg von chemischem Zeug wie Aspartam, anderen Süßstoffen, Farbstoffen und Zutaten, die du nicht einordnen kannst.

Kauf bio: Bio-Lebensmittel enthalten mehr Nähr- und weniger Schadstoffe. Iss am besten vollwertige, naturbelassene Lebensmittel – und keinen Industriefraß aus der Schachtel oder Dose mit ellenlanger Zutatenliste.

Wenn du dich an diese Regeln hältst – ach, wenn wir uns alle daran halten würden, wären wir alle viel fitter und gesünder.

Im Folgenden findest du Vorschläge für einen fleischlosen Kraftstoff-Plan. Du findest jeweils einen Beispiel-Wochenplan für den 3er-, 2er-, und 1er-Block.

Der Kraftstoff-Speiseplan ohne Fleisch

3er-Block

3er-Block • Tag 1

Frühstück (schneller Kraftstoff)

1 ¼ Tassen bzw. 60 g ballaststoffreiche Zerealien, z. B. Dinkelflakes

1 EL Hanfsamen (Proteine) zum Drüberstreuen

250 ml Mandelmilch für die Zerealien

Mittagessen (schneller Kraftstoff)

Hähnchen-Minestrone (Das Fleisch im Rezept auf Seite 125 durch 90–180 g Kidneybohnen aus der Dose ersetzen: eine köstliche fleischlose Suppe)

1 mittelgroßer Apfel

Abendessen (schneller Kraftstoff)

1–2 große Champignons, in 1 EL Olivenöl sautiert

Spargel, gedämpft

1 Ofenkartoffel, nach Wunsch garniert mit 1–2 EL veganem Sauerrahm

Snack 1 (schneller Kraftstoff)

Inseltraum-Smoothie (Seite 111)

Snack 2

1 ½ Tasse bzw. 120 g Hummus

Junge Karotten zum Dippen

3er-Block • Tag 2

Frühstück (schneller Kraftstoff)

Haferbrei mit Beeren (Seite 114)

1 EL Hanfsamen zum Drüberstreuen

Mittagessen (schneller Kraftstoff)

Gemüse-Wraps: Alfalfa-Sprossen, Gurkenscheiben, Tomatenscheiben und 2 Scheiben Avocado in einer mit 2–3 EL Hummus bestrichenen Tortilla

Abendessen (schneller Kraftstoff)

Pintobohnen, gekocht (1 Tasse bzw. 180 g für Männer, ½ Tasse bzw. 90 g für Frauen)

Grünkohl, in 1 EL Olivenöl sautiert

Vollkornreis, gekocht (1 Tasse bzw. 200 g für Männer, ½ Tasse bzw. 100 g für Frauen)

Snack 1

1 Handvoll Mandeln

230 ml *Gemüsekraftsaft (Seite 137)*

Snack 2 (schneller Kraftstoff)

Bananafana-Smoothie (Seite 111)

3er-Block • Tag 3

Frühstück (schneller Kraftstoff)

Rührei mit Tomaten und Kartoffeln (Seite 115. Wenn du kein Ei isst, Eier im Rezept durch Tofu ersetzen)

Mittagessen (schneller Kraftstoff)

Hähnchen-Minestrone (Seite 112. Das Fleisch im Rezept auf Seite 125 durch 90–180 g gekochte Kidneybohnen aus der Dose ersetzen: eine köstliche fleischlose Suppe)

1 Orange

Abendessen (schneller Kraftstoff)

Kichererbsen, gekocht (1 Tasse bzw. 180 g für Männer, ½ Tasse bzw. 90 g für Frauen) auf gemischtem Salat mit fettarmem Dressing

Vollkorn- oder Essenerbrot, getoastet (2 Scheiben für Männer, 1 Scheibe für Frauen)

Snack 1

1 Handvoll Mandeln

Rohkost aus langsamem Gemüse

Snack 2 (schneller Kraftstoff)

Inseltraum-Smoothie (Seite 111)

3er-Block • Tag 4

Frühstück (schneller Kraftstoff)

Quinoa, gekocht und mit ein wenig Zimt und Honig gesüßt (1 Tasse bzw. 200 g für Männer, ½ Tasse bzw. 100 g für Frauen)

½ Grapefruit

Mittagessen (schneller Kraftstoff)

Gemischtes Blatt- und Salatgemüse mit Tofuwürfeln (1 Tasse bzw. 180 g für Männer, ½ Tasse bzw. 90 g für Frauen), 1 EL Olivenöl und 1 EL Balsamico

1 Apfel

Abendessen (schneller Kraftstoff)

Gemüseburger, gebraten

Geschmorte Tomaten

Vollkornreis, gekocht (1 Tasse bzw. 200 g für Männer, ½ Tasse bzw. 100 g für Frauen)

Snack 1

1 Handvoll Mandeln

Gemüse-Rohkost

Snack 2 (schneller Kraftstoff)

Eiersalat auf Toast (Seite 135. Wenn du kein Ei isst, Eier im Rezept durch Tofu ersetzen)

3er-Block • Tag 5

Frühstück (schneller Kraftstoff)

Mango-Tango-Smoothie (Seite 112)

Mittagessen (schneller Kraftstoff)

Caesar-Salat aus 60 g geriebenem milchfreien Käse, Romanasalat und grünen Paprikastreifen, dazu 1–2 EL fettarmes Caesar-Salat-Dressing

Vollkorn- oder Essenerbrot, getoastet (2 Scheiben für Männer, 1 Scheibe für Frauen)

Abendessen (schneller Kraftstoff)

Tofu-Nudeln Singapur (Seite 123)

Snack 1 (schneller Kraftstoff)

1 Handvoll Mandeln

1 Pfirsich (oder anderes Obst der Saison)

Snack 2

Gurkenschiffchen (Seite 137, mit Hummus gefüllt)

3er-Block • Tag 6

Frühstück (schneller Kraftstoff)

1 Tasse veganer Joghurt

1 Tasse bzw. 150 g frische Beeren

Mittagessen (schneller Kraftstoff)

Restliche *Tofu-Nudeln Singapur (Seite 123)*

Abendessen (schneller Kraftstoff)

1 Tasse bzw. 100 g gegarte Champignonscheiben mit Tomatensauce ohne Zuckerzusatz vermischt und auf gekochten Vollkornnudeln (1 Tasse bzw. 140 g für Männer, ½ Tasse bzw. 70 g für Frauen) serviert

Snack 1

Gurkenscheiben, in 1 Tasse (Männer) bzw. ½ Tasse (Frauen) Hummus gedippt

Snack 2 (schneller Kraftstoff)

Bananafana-Smoothie (Seite 111)

3er-Block • Tag 7

Frühstück (schneller Kraftstoff)

2 vegetarische Würstchen, gebraten

1 Roma-Tomate, in Scheiben

Maisgrütze oder -grieß bzw. Polenta, gekocht (1 Tasse bzw. 200 g für Männer, ½ Tasse bzw. 100 g für Frauen)

Mittagessen (schneller Kraftstoff)

Bio-Linsensuppe aus der Dose (2 Tassen bzw. 500 ml für Männer, 1 Tasse bzw. 250 ml für Frauen)

Vollkorn- oder Essenerbrot, getoastet (2 Scheiben für Männer, 1 Scheibe für Frauen)

Abendessen (schneller Kraftstoff)

Gemüseburger, gebraten

½ Dose Tomatenstückchen, gegart

1 Ofenkartoffel, nach Wunsch garniert mit 1–2 EL veganem Sauerrahm

Snack 1

60 g veganer Käse

1 Handvoll Kohl-Chips

Snack 2 (schneller Kraftstoff)

Mango-Tango-Smoothie (Seite 112)

Beispiel-Einkaufsliste für den 3er-Block, vegetarisch

Gemüse

Alfalfa-Sprossen
Blattsalatmischung
Blumenkohl
Bohnensprossen
Brokkoli
Fleischtomaten
Frühlingszwiebeln
Grüne Bohnen
Grünkohl
Gurken
Junge Karotten (als Snack)
Karotten
Kartoffeln
Knoblauch
Paprika, rot und grün
Roma-Tomaten
Romanasalat
Sellerie
Spargel
Spinat
Zucchini
Zwiebeln

Obst

Äpfel
Avocados
Bananen
Beeren
Grapefruit
Orangen
Pfirsiche

Pflanzliche Proteine

Champignons, große
Gemüseburger
Hanfsamen
Hummus
Mandeln, ganze
Pflanzliches Schoko-Proteinpulver
Pflanzliches Vanille-Proteinpulver
Quinoa
Seitan
Tofu
Veganer Joghurt
Veganer Käse
Vegetarische Würstchen

Getreide und Brot

Ballaststoffreiche Zerealien, z. B. Dinkelflakes
Haferflocken
Maisgrütze oder -grieß
Reisnudeln
Tortillas
Vollkorn- oder Essenerbrot (Keimbrot)
Vollkornnudeln
Vollkornreis

Tiefkühlkost

Mango
Pfirsiche

Konserven

Ananasstücke, ungesüßt (abtropfen lassen und für Smoothies einfrieren)
Bio-Linsensuppe
Kichererbsen
Kidneybohnen
Pintobohnen
Tomaten

Öl und Essig

Balsamico-Essig
Mandelmus
Mayonnaise
Olivenöl

Gewürze

Currypulver
Petersilie
Zimt

Würzmittel und Süßstoffe

Bio-Agavendicksaft	Gemüsebrühe (Würfel oder Pulver)	Tomatensauce ohne Zuckerzusatz
Fettarmes Caesar-Salat-Dressing	Honig	Veganer Sauerrahm
Fettarmes Salatdressing	Sojasauce	

Getränke

Mandelmilch, ungesüßt

Sonstiges

Chiasamen	Kohl-Chips	Leinsamen

2er-Block

2er-Block • Tag 1

Frühstück (schneller Kraftstoff)

1 ¼ Tasse bzw. 60 g ballaststoffreiche Zerealien, z. B. Dinkelflakes

1 EL Hanfsamen zum Drüberstreuen

250 ml Mandelmilch für die Zerealien

Mittagessen (schneller Kraftstoff)

1 Scheibe Vollkornbrot, bestrichen mit 2 EL Mandelmus

Bio-Gemüsesuppe aus der Dose (2 Tassen bzw. 500 ml für Männer, 1 Tasse bzw. 250 ml für Frauen)

Abendessen

1–2 große Champignons, in 1 EL Olivenöl sautiert

Spargel, gedämpft

Snack 1

1 Handvoll Mandeln

Rohkost aus langsamem Gemüse

Snack 2

½ Tasse bzw. 120 g Hummus

Junge Karotten zum Dippen

2er-Block • Tag 2

Frühstück (schneller Kraftstoff)

Beerenstarker Smoothie (Seite 112)

Mittagessen (schneller Kraftstoff)

Gemüse-Wraps: Alfalfa-Sprossen, Gurkenscheiben, Tomatenscheiben und 2 Scheiben Avocado in einer mit 2–3 EL Hummus bestrichenen Tortilla

Abendessen

Veganes Geschnetzeltes (1 Tasse bzw. 180 g für Männer, ½ Tasse bzw. 90 g für Frauen) mit langsamem Gemüse, in Sojasauce und 1–2 EL Olivenöl sautiert

Snack 1

1 Handvoll Mandeln

230 ml *Gemüsekraftsaft (Seite 137)*

Snack 2

1 Handvoll Kürbiskerne

250 ml Mandelmilch

2er-Block • Tag 3

Frühstück (schneller Kraftstoff)

Rührei mit Tomaten und Kartoffeln (Seite 115. Wenn du kein Ei isst, Eier im Rezept durch Tofu ersetzen)

Mittagessen

Bio-Chili sin Carne (ohne Fleisch) aus der Dose (500 ml für Männer, 250 ml für Frauen)

Abendessen

Kichererbsen, gekocht (1 Tasse bzw. 180 g für Männer, ½ Tasse bzw. 90 g für Frauen) auf gemischtem Salat mit fettarmem Dressing

Snack 1

1 Handvoll Mandeln

Rohkost aus langsamem Gemüse

Snack 2 (schneller Kraftstoff)

Inseltraum-Smoothie (Seite 111)

2er-Block • Tag 4

Frühstück (schneller Kraftstoff)

Quinoa, gekocht und mit ein wenig Zimt und Honig gesüßt (1 Tasse bzw. 200 g für Männer, ½ Tasse bzw. 100 g für Frauen)

½ Grapefruit

Mittagessen (schneller Kraftstoff)

Gemischtes Blatt- und Salatgemüse mit Tofuwürfeln (1 Tasse bzw. 180 g für Männer, ½ Tasse bzw. 90 g für Frauen), 1 EL Olivenöl und 1 EL Balsamico

1 Apfel

Abendessen

Gemüseburger, gebraten

Geschmorte Tomaten

Snack 1

1 Handvoll Mandeln

Gemüse-Rohkost

Snack 2

Gurkenschiffchen (Seite 137, mit Hummus gefüllt)

2er-Block • Tag 5

Frühstück (schneller Kraftstoff)

Mango-Tango-Smoothie (Seite 112)

Mittagessen

Caesar-Salat aus 60 g geriebenem milchfreien Käse, Romanasalat und grünen Paprikastreifen, dazu 1–2 EL fettarmes Caesar-Salat-Dressing

Abendessen (schneller Kraftstoff)

Tofu-Nudeln Singapur (Seite 123)

Snack 1

1 Handvoll Kürbiskerne

250 ml Mandelmilch

Snack 2

250 ml Bio-Gemüsesuppe aus der Dose

2er-Block • Tag 6

Frühstück (schneller Kraftstoff)

1 Tasse veganer Joghurt

1 Tasse bzw. 150 g frische Beeren

Mittagessen (schneller Kraftstoff)

Restliche *Tofu-Nudeln Singapur (Seite 123)*

Abendessen

1 Tasse bzw. 100 g gegarte Champignonscheiben mit Tomatensauce ohne Zuckerzusatz auf sautierten Zucchinistreifen

Snack 1

Gurkenscheiben in 1 Tasse (Männer) bzw. ½ Tasse (Frauen) Hummus gedippt

Snack 2

1 Handvoll Mandeln

Rohkost aus langsamem Gemüse

2er-Block • Tag 7

Frühstück (schneller Kraftstoff)

2 vegetarische Würstchen, gebraten

1 Roma-Tomate, in Scheiben geschnitten

Maisgrütze oder -grieß bzw. Polenta, gekocht (1 Tasse bzw. 200 g für Männer, ½ Tasse bzw. 100 g für Frauen)

Mittagessen

Bio-Linsensuppe aus der Dose (2 Tassen bzw. 500 ml für Männer, 1 Tasse bzw. 250 ml für Frauen)

Abendessen

Gemüseburger, gebraten

½ Dose Tomatenstückchen, gegart

Snack 1

60 g veganer Käse

1 Handvoll Kohl-Chips

Snack 2 (schneller Kraftstoff)

Bananafana-Smoothie (Seite 111)

Beispiel-Einkaufsliste für den 2er-Block, vegetarisch

Gemüse

- Blumenkohl
- Brokkoli
- Fleischtomaten
- Gurken
- Kartoffeln
- Paprika, rot und grün
- Roma-Tomaten
- Sellerie
- Spargel
- Spinat
- Zucchini

Obst

- Bananen
- Beeren

Pflanzliche Proteine

- Champignons, große
- Hanfsamen
- Hummus
- Kürbiskerne
- Mandelmus
- Tofu
- Veganer Joghurt
- Veganer Käse
- Veganes Schoko-Proteinpulver
- Veganes Vanille-Proteinpulver

Getreide und Brot

- Ballaststoffreiche Zerealien, z. B. Dinkelflakes
- Konserven
- Ananasstücke, ungesüßt (abtropfen lassen und für Smoothies einfrieren)
- Bio-Chili sin Carne (ohne Fleisch)
- Bio-Gemüsesuppe
- Bio-Linsensuppe
- Kichererbsen
- Tomaten

Getränke

- Mandelmilch, ungesüßt

Sonstiges

- Kohl-Chips

1er-Block

1er-Block • Tag 1

Frühstück (schneller Kraftstoff)

¼ Tasse bzw. 60 g ballaststoffreiche Zerealien, z. B. Dinkelflakes

1 EL Hanfsamen zum Drüberstreuen

250 ml Mandelmilch für die Zerealien

Mittagessen

Sellerie-Sticks, bestrichen mit 2 EL Mandelmus

Bio-Gemüsesuppe aus der Dose (2 Tassen bzw. 500 ml für Männer, 1 Tasse bzw. 250 ml für Frauen)

Abendessen

1–2 große Champignons, in 1 EL Olivenöl sautiert

Spargel, gedämpft

Snack 1

1 Handvoll Mandeln

Rohkost aus langsamem Gemüse

Snack 2

½ Tasse bzw. 120 g Hummus

Junge Karotten zum Dippen

1er-Block • Tag 2

Frühstück (schneller Kraftstoff)

Mango-Tango-Smoothie (Seite 112)

Mittagessen

Gemüse-Wraps: Alfalfa-Sprossen, Gurkenscheiben, Tomatenscheiben und 2 Scheiben Avocado in einer mit 2–3 EL Hummus bestrichenen Tortilla

Abendessen

Veganes Geschnetzeltes (1 Tasse bzw. 180 g für Männer, ½ Tasse bzw. 90 g für Frauen) mit langsamem Gemüse, Sojasauce und 1–2 EL Olivenöl sautiert

Snack 1

1 Handvoll Mandeln

230 ml *Gemüsekraftsaft (Seite 137)*

Snack 2

1 Handvoll Kürbiskerne

250 ml Mandelmilch

1er-Block • Tag 3

Frühstück (schneller Kraftstoff)

Rührei mit Tomaten und Kartoffeln (Seite 115. Wenn du kein Ei isst, Eier im Rezept durch Tofu ersetzen)

Mittagessen

Bio-Chili sin Carne (ohne Fleisch) aus der Dose (1 Dose für Männer, ½ Dose für Frauen)

Abendessen

Kichererbsen, gekocht (1 Tasse bzw. 180 g für Männer, ½ Tasse bzw. 90 g für Frauen) auf gemischtem Salat mit fettarmem Dressing

Snack 1

1 Handvoll Mandeln

Rohkost aus langsamem Gemüse

Snack 2

Gurkenschiffchen (Seite 137, mit Hummus gefüllt)

1er-Block • Tag 4

Frühstück (schneller Kraftstoff)

Quinoa, gekocht und mit ein wenig Zimt und Honig gesüßt (1 Tasse bzw. 200 g für Männer, ½ Tasse bzw. 100 g für Frauen)

½ Grapefruit

Mittagessen

Gemischtes Blatt- und Salatgemüse mit Tofuwürfeln (1 Tasse bzw. 180 g für Männer, ½ Tasse bzw. 90 g für Frauen), 1 EL Olivenöl und 1 EL Balsamico

Abendessen

Gemüseburger, gebraten

Geschmorte Tomaten

Snack 1

1 Handvoll Mandeln

Gemüse-Rohkost

Snack 2

Gurkenschiffchen (Seite 137, mit Hummus gefüllt)

1er-Block • Tag 5

Frühstück

1 Tasse veganer Joghurt

Mittagessen

Caesar-Salat aus 60 g geriebenem milchfreien Käse, Romanasalat und grünen Paprikastreifen, dazu 1–2 EL fettarmes Caesar-Salat-Dressing

Abendessen (schneller Kraftstoff)

Tofu-Nudeln Singapur (Seite 123)

Snack 1

1 Handvoll Kürbiskerne

250 ml Mandelmilch

Snack 2

250 ml Bio-Gemüsesuppe aus der Dose

1er-Block • Tag 6

Frühstück

Tofu, mit Tomatenstücken, Zwiebeln und grünen Paprikastreifen in 1 EL Olivenöl gebraten

Mittagessen (schneller Kraftstoff)

Restliche *Tofu-Nudeln Singapur (Seite 123)*

Abendessen

1 Tasse bzw. 100 g gegarte Champignonscheiben mit Tomatensauce ohne Zuckerzusatz auf sautierten Zucchinistreifen

Snack 1

Gurkenscheiben, in 1 Tasse (Männer) bzw. ½ Tasse (Frauen) Hummus gedippt

Snack 2

1 Handvoll Mandeln

Rohkost aus langsamem Gemüse

1er-Block • Tag 7

Frühstück

2 vegetarische Würstchen, gebraten

1 Roma-Tomate, in Scheiben

Mittagessen

Bio-Linsensuppe aus der Dose (2 Tassen bzw. 500 ml für Männer, 1 Tasse bzw. 250 ml für Frauen)

Abendessen

Gemüseburger, gebraten

½ Dose Tomatenstückchen, gegart

Snack 1

60 g veganer Käse

1 Handvoll Kohl-Chips

Snack 2 (schneller Kraftstoff)

Bananafana-Smoothie (Seite 111)

Beispiel-Einkaufsliste für den 1er-Block, vegetarisch

Gemüse

Alfalfa-Sprossen
Junge Karotten
Blattsalatmischung
Blumenkohl
Brokkoli
Fleischtomaten
Gurken
Kopfsalat, z. B. Eisberg
Paprika, rot und grün
Roma-Tomaten
Romanasalat
Sellerie
Spargel
Spinat oder Grünkohl
Zucchini
Zwiebeln

Obst

Avocados
Bananen
Grapefruit

Pflanzliche Proteine

Champignons, große
Geschnetzeltes, vegan
Hummus
Veganer Joghurt
Veganer Käse
Tofu

Tiefkühlkost

Pfannengemüse

Konserven

Bio-Gemüsesuppe
Kichererbsen
Tomatenstücke

Für eine erfolgreiche vegetarische oder vegane Speiseplanung und -zubereitung muss man keine mysteriösen Geheimwissenschaften beherrschen. Man braucht dazu nur ein paar Ernährungsinfos, ein bisschen Fantasie und ein gutes Stück Entdeckergeist. Schau einfach mal zur Anregung in ein vegetarisches oder veganes Kochbuch. Das Prinzip ist simpel: Sorge für Abwechslung auf dem Tisch, leg den Schwerpunkt auf pflanzliche Proteine, unterscheide zwischen langsamen und schnellen Kohlenhydraten und gib acht, dass du satt wirst. Lass die Welt des Fleisches hinter dir und entdecke ein Universum neuer kulinarischer Ideen.

Hooya!

Kreative fleischlose Küche

Es ist gar nicht schwierig, fabelhafte – und gesunde – fleischlose Gerichte zuzubereiten. Hier ein paar Anregungen, damit es klappt:

Fleischlose Versionen deiner Lieblingsfleischgerichte kochen: Ersetze das Hackfleisch in deiner Lieblingslasagne durch Gemüse – zum Beispiel Spinat, Paprika, Zucchini oder Aubergine – und serviere dazu einen gemischten Salat. Mach dein Chili ohne Rindfleisch und nimm stattdessen schwarze Bohnen oder Kidneybohnen oder auch einfach Sojafleisch. Den Unterschied schmeckst du gar nicht.

Die Küchen der Welt entdecken: Wusstest du, dass in den meisten Teilen der Welt hauptsächlich vegetarisch gegessen wird? Das ist wirklich wahr. Denk mal drüber nach. Die asiatische Küche zaubert aus gemischtem Gemüse köstliche Wokgerichte, die meistens ohne Fleisch auskommen. Selbst machen ist ganz einfach: Verwende einfach Tofu-, Tempeh- oder Seitanwürfel statt Fleisch. Zusammen mit Vollkornreis ergibt das eine köstliche und sättigende Mahlzeit.
Auch viele italienische Gerichte lassen sich vegetarisieren. Probier mal Spaghetti mit Tofu-Tomatensauce. Tofu kannst du auch als Käseersatz bei Lasagne oder Canneloni verwenden. Schau dich in der nahöstlichen, iberischen oder lateinamerikanischen Küche nach fleischlosen Gerichten um. Wenn du mexikanisches Essen magst, hast du Glück – ein mexikanisches Gericht lässt sich leicht aus Tortillas, Bohnen (ganz oder zerstampft), Avocado und Salsa zubereiten.

Suppen und Salate genießen: Für beides brauchst du kein Fleisch. Eine herzhafte Bohnen- oder Linsensuppe ergibt einen sättigenden Hauptgang. Und kaum jemand erkennt den Unterschied zwischen einem Chili con Carne und einem gut gewürzten vegetarischen Chili. Suppe oder Chili lassen sich prima mit einem Salat ergänzen.

10. Kapitel

Nahrungsergänzung im Kraftstoff-Plan

Ich werde oft nach Nahrungsergänzungsmitteln gefragt – was man nehmen sollte und, wichtiger noch, was man nicht nehmen sollte. Denn Nahrungsergänzungsmittel bekommt man hinterhergeschmissen: im Reformhaus, im Drogeriemarkt, im Supermarkt und über das Internet. Viele dieser Mittel rühmen sich, jedes nur erdenkliche Körperorgan zu versorgen, zu kräftigen, zu reinigen oder sonst wie zu unterstützen. Millionen von Menschen nehmen diese Präparate ein.

Wenn du zur Masse der »Ergänzten« gehörst: Woher weißt du dann, dass du die richtigen Mittel nimmst? Musst du jenes irrsinnig wirksame Fettverbrennungsmittel, über das du gerade gelesen hast, noch dazunehmen? Und was ist mit den allerneusten Hormonboostern, von denen jeder Blog spricht?

Ich werde dir meinen Standpunkt zu Nahrungsergänzungsmitteln erläutern und wie ich persönlich damit umgehe. Fangen wir mit Multivitamin-/Multimineralpräparaten an, denn das sind die am weitesten verbreiteten Mittel.

Meine Meinung zu »Multi«

Multivitamin- und Multimineralpräparate werden als Mittel zur Vorsorge vor chronischen Krankheiten angepriesen. Aber ehrlich gesagt, weiß niemand mit Sicherheit, ob diese hochgegriffenen Behauptungen wahr sind, die Sicherheit und Qualität werden nicht behördlich überprüft. Laut deutscher Nahrungsergänzungsmittelverordnung (NemV) dürfen diese Präparate nicht zur Behandlung, Heilung oder Vorsorge von Krankheiten gedacht sein – sonst würden sie nämlich unter die Zulassungspflicht des Arzneimittelgesetzes fallen.

Beim Thema Multivitamine/Multimineralien sieht die *United States Preventive Services Task Force*, ein unabhängiges Gremium, das Empfehlungen zur Gesundheitsvorsorge verfasst, wenige Belege dafür, dass zusätzlich zur Nahrung eingenommene Vitamine für den Schutz vor den zwei großen Geißeln der Menschheit – Herzkrankheiten und Krebs – von Nutzen sind. Dieses Fazit zog das Gremium 2013 in der *Annals of Internal Medicine.*

Das Komitee stellte besonders Vitamin E und Beta-Karotin an den Pranger, zwei Stoffe, bei denen man bisher eine vorbeugende Wirkung gegen Herzkrankheiten und Krebs angenommen hatte. Forschungen zu diesen Nahrungsergänzungsmitteln haben jedoch ergeben, dass sie beide nicht vorbeugend wirken. Für das Beta-Karotin stellte sich sogar heraus, dass es die Gefahr, an Lungenkrebs zu erkranken, bei Risikogruppen (beispielsweise Rauchern) in Wirklichkeit erhöht.

Soll man nun Vitamin- oder Mineraltabletten nehmen oder nicht? Eine verwirrende Frage, denn die Faktenlage ist noch unklar. Ich persönlich nehme kein »Multi«. Der Grund: Ich esse eine große Vielfalt an vollwertigen Lebensmitteln, darunter Gemüse, etwas Obst, Fleisch, Geflügel, Fisch, Bohnen, Getreide, Nüsse und Saaten. Außerdem trinke ich gern frisch gepressten Saft, und das ist jedes Mal ein ganzes Glas voller Vitamine und Mineralstoffe. Ich esse also lieber echtes Essen, das von Natur aus voller Nährstoffe ist. Sämtliche Vitamine und Mineralstoffe beziehe ich direkt daraus.

Ich stimme mit den Gesundheitsexperten überein, die sagen, dass die *meisten* Nahrungsergänzungsmittel eine gesunde Lebensweise nicht ersetzen können. Problematisch an der Supplementierung ist, dass sie zu dem Gedanken verleiten kann, dass man sich andere wichtige, aber mühsame Maßnahmen wie gesunde Ernährung, Bewegung oder Rauchentwöhnung sparen könne. Leider wünschen sich die Menschen für alles eine Zauberpille. Nahrungsergänzungsmittel sind aber keine.

Mit einer abwechslungsreichen Ernährung sollte dein essenzieller Nährstoffbedarf gedeckt sein. Die glorreichen Sieben des Kraftstoff-Plans versorgen dich mit allen Vitaminen und Mineralstoffen, die du brauchst, um gesund zu bleiben. Der folgende Kasten verschafft dir einen Überblick über den Vitamingehalt des Kraftstoff-Plans.

Hooya!

Vitamine und Mineralstoffe

Vitamine sind direkt an der Verstoffwechselung von Kohlenhydraten, Proteinen und Fett beteiligt. Mit den folgenden Vitaminen versorgt dich mein Speiseplan:

- Vitamin A: grünes Blattgemüse, Karotten, Obst, Eier
- B-Vitamine: proteinreiche Nahrungsmittel, Vollkorngetreide, Hülsenfrüchte, Obst, Gemüse
- Vitamin C: Obst und Gemüse
- Vitamin D: Fisch
- Vitamin E: Vollkorngetreide, grünes Blattgemüse, Nüsse und Saaten, Eier

Mineralstoffe sind wichtig für den Stoffwechsel und werden für die Bildung von Knochen, Knorpel und Zähnen benötigt. Der Kraftstoff-Plan stellt folgende Mineralstoffe bereit:

- Eisen: Fleisch, Geflügel, Eier, Nüsse, grünes Blattgemüse, Obst

- Kalzium: Lachs, grünes Blattgemüse, Brokkoli, Mandelmilch mit Kalziumzusatz
- Kupfer: Fleisch, Schalentiere, Nüsse
- Magnesium: Fleisch, Nüsse
- Phosphor: Fleisch, Geflügel, Fisch, Nüsse
- Kalium: Obst, Gemüse
- Selen: Vollkorngetreide, Fisch, Eier
- Zink: Schalentiere, Fleisch, Vollkorngetreide, Gemüse

Ich teile auch die Meinung vieler Gesundheitsexperten, dass es bestimmte Bevölkerungsgruppen gibt, die unter Umständen ergänzende Vitamine und Mineralstoffe benötigen: beispielsweise schwangere Frauen, ältere Menschen, strenge Veganer oder chronisch Kranke. Und gewiss leiden viele Frauen unter Kalzium- und manchmal Eisenmangel.

Zudem sollten Menschen, die in nördlichen Breiten leben und sehr dunkle Haut haben, unter Umständen Vitamin D3 supplementieren. Eine der Hauptquellen für dieses Vitamin ist das Sonnenlicht. Wenn die UV-Strahlen des Sonnenlichts auf unsere Haut treffen, löst das eine chemische Reaktion aus, und der Körper wandelt ein bestimmtes Hormon in Vitamin D um. Wer in Gegenden mit wenig Sonnenschein lebt, setzt sich aufgrund der begrenzten Sonnenexposition dem Risiko einer Vitamin-D-Unterversorgung aus. Dunkelhäutige Menschen sind ebenfalls gefährdet, da ihre Haut die UVB-Strahlen nicht gut absorbiert.

Solltest du zu einer dieser Risikogruppen gehören, dann musst du vielleicht ein Vitamin-D3-Präparat einnehmen. Es gibt eben kein simples Entweder-oder, das für alle gilt. Es hängt von der Einzelperson ab und davon, was eine ärztliche Untersuchung ergibt – also am besten den Arzt fragen.

Der Hype um Fettverbrennungs- und Muskelaufbau-Präparate

In diesem Bereich solltest du wirklich höllisch aufpassen: Um Nahrungsergänzungsmittel, die angeblich Fett verbrennen oder Muskulatur aufbauen, gibt es so viel Hype, dass einem schwindelig werden kann. Die amerikanische Verbraucherschutzbehörde FDA hat auf ihrer Website www.fda.gov fast 300 betrügerische Produkte entlarvt, die größtenteils Fettabbau und Muskelbildung versprechen, aber auch sexuelle Wirkungen. In den Mitteln fanden sich verschreibungspflichtige Arzneien, synthetische Steroide und andere nicht oder falsch deklarierte Inhaltsstoffe – viele davon durchaus gefährlich, besonders bei unwissentlicher Einnahme. Die FDA berichtet sogar von Fällen mit gravierenden und sogar lebensbedrohlichen Nebenwirkungen, die diesen Präparaten zugeschrieben werden konnten, darunter Herz- und Kreislaufprobleme, Leberschäden, Nierenversagen und Tod.

Das unabhängige Labor ConsumerLab.com testet seit 1999 unerbittlich Vitamine, Mineralpräparate, Kräutermittel und anderes und hat dabei immer wieder Belege dafür gefunden, dass viele Ergänzungsmittel nicht die auf dem Etikett gelisteten Zutaten und Substanzen enthalten.

Verlässliche deutsche Quellen zur Entlarvung von Schaumschlägerei sind das Bundesinstitut für Risikobewertung (www.bfr.bund.de), die Stiftung Warentest (www.test.de) und die Verbraucherzentralen (www.verbraucherzentrale.de).

Sei also ein mündiger Verbraucher und schütze dich selbst. Meide alle Nahrungsergänzungsmittel, die:

- sich als »Alternative zu verschreibungspflichtigen Medikamenten« hervortun wollen oder Wirkungen eines verschreibungspflichtigen Medikaments versprechen,
- sich als legale oder natürliche Alternative zu anabolen Steroiden darstellen,
- einen Warnhinweis tragen, dem zufolge man nach Einnahme positiv auf Doping getestet werden könnte,
- extreme, übertriebene Wirkungen versprechen – »schnell wirksam«, »Allheilmittel«, »zur Behandlung/Heilung von Krankheit XY« oder »absolut sicher« – oder weit hergeholte Kundenmeinungen über »unglaubliche« Wirkungen kolportieren,
- einfach zu gut klingen, um wahr zu sein.

Letzten Endes gilt beim Thema Nahrungsergänzungsmittel für uns Verbraucher das Motto »Gewährleistung ausgeschlossen« – also aufgepasst beim Kauf!

Sinnvolle Ergänzungsmittel

Ich bin jedoch nicht grundsätzlich gegen Nahrungsergänzungsmittel. Es gibt sogar welche, die ich empfehle. Das liegt daran, dass diese Mittel eher richtigen Nahrungsmitteln gleichen und nicht künstlichen Pillen oder dass ihre Notwendigkeit für die Ernährung wissenschaftlich erwiesen ist. Die folgenden Nahrungsergänzungsmittel sind für den Kraftstoff-Plan absolut nicht erforderlich, haben aber meiner Meinung nach ihre Vorteile. Hier ein schneller Abriss:

Grüne Pulver

So gut wie jeder glaubwürdige Experte, so gut wie jede Institution im Gesundheitswesen empfiehlt, täglich mindestens fünf Portionen Obst oder Gemüse zu essen, um die für die Gesundheit erforderlichen Nährstoffe aufzunehmen. Aber was, wenn man kein großer Gemüseesser ist? Dann kann man sich mit grünem Pulver helfen. Bei dieser Supernahrung handelt es sich um grünes Gemüse in konzentrierter Form, das sich hervorragend zum Stopfen von lückenhafter Ernährung eignet. Solch ein Pulver enthält alle Vitamine und Mineralstoffe, die in Obst und Gemüse zu finden sind: Beta-Karotin, B-Vitamine, Vitamin C, Kalzium, Magnesium, Selen und noch mehr.

Grüne Pulver werden aus biologisch angebauten Gräsern hergestellt und haben einen süßen, leicht grasigen, weizenartigen Geschmack. Man rührt oder mixt sie in ein Getränk – und wohl bekomm's! Das Pulver kommt bei mir in jeden selbstgemachten Saft oder Smoothie. Außer als Pulver gibt es diese Art von Ergänzungsmittel auch in flüssiger Form, als Kapseln oder Tabletten.

Jedes grüne Pulver hat seine eigenen Vorteile. Hier ein Überblick:

- *Spirulina:* Diese Mikroalge enthält von Natur aus viel Vitamin A, Aminosäuren und Antioxidanzien, die Krankheiten vorbeugen. Spirulina liefert Gamma-Linolensäure (GLA), ein Omega-6-Fett, dessen krebsbekämpfende Eigenschaften gerade erforscht werden. Für Veganer und Vegetarier ist Spirulina eine hervorragende Vitamin-B12-Quelle, wie es sonst nur tierische Nahrungsmittel sind.

- *Chlorella:* Auch dies ist eine Mikroalge, die Vitamin A, Vitamin B12 und Aminosäuren enthält. Besonders hoch ist ihr Gehalt an Chlorophyll, welches als gut für die Blutbildung gilt, da es ähnlich aufgebaut ist wie das in roten Blutkörperchen enthaltene Hämoglobin. Viele Ärzte und Heilpraktiker glauben, dass eine Supplementierung mit Chlorophyll die Anzahl der roten Blutkörperchen steigern, die Durchblutung verbessern, das Immunsystem stärken und die Verdauung fördern kann.
- *Alfalfa:* Diese Pflanze ist eine mit Kalium und Kalzium vollgepackte Hülsenfrucht, die dazu noch das B-Vitamin Niacin enthält, das den Cholesterinspiegel reguliert und der Arterienverkalkung vorbeugt.
- *Weizen- und Gerstengras:* Weizengras ist eine Wundertüte mit 22 verschiedenen Vitaminen. Auch wer Gluten nicht verträgt, kann bedenkenlos Weizengras essen, da es anders als das Weizenkorn kein Gluten enthält. Gerstengras ist reich an Proteinen, diversen Vitaminen (unter anderem C und E) und vielen Mineralstoffen.

Proteinpulver

Ich finde, dass Proteinpulver, in Shakes oder Smoothies gemixt, einen Platz im Speiseplan verdient, besonders wenn man aktiv ist und regelmäßig trainiert. Trinkt man beispielsweise innerhalb von 45 bis 60 Minuten nach dem Training einen Proteinshake, entsteht im Körper nachweislich ein für die Muskelbildung günstiges Hormonmilieu.

Auch wenn ich pflanzliches Proteinpulver bevorzuge, solltest du ruhig Pulver ausprobieren, die aus Molkenprotein oder Kasein oder beidem hergestellt sind. Molkenproteinpulver gilt als schneller Kraftstoff, da es rasch vom Organismus aufgenommen wird – genau deshalb eignet es sich so gut als Ergänzungsmittel nach dem Training. Das gilt besonders, wenn es mit schnellen Kohlenhydraten wie Obst zu einem Smoothie gemixt ist.

Molkenprotein kann auch zu einem besseren Verhältnis von Körperfett zu Muskelmasse beitragen. 2011 druckte das *Journal of Nutrition* die Ergebnisse einer Studie mit übergewichtigen Erwachsenen, die ihren regulären Speiseplan mit Molkenprotein ergänzten und im 23-wöchigen Studienzeitraum Körperfett abbauten und schlanker wurden.

Kasein (Milchprotein) enthält eine Mischung eher langsamer Proteine, die nur nach und nach verdaut und vom Körper absorbiert werden. Durch die kontinuierliche Freisetzung kann ein katabolischer Zustand (Muskelabbau) vermieden werden, da dem Körper ständig Aminosäuren zur Verfügung stehen, besonders nachts. Ein Proteinpulver aus Kasein eignet sich als Betthupferl zur Unterstützung des Regenerationsprozesses im Schlaf oder als Snack während des Tages, um den Körper ununterbrochen mit Proteinen zu versorgen.

Wie gesagt, bin ich selbst auf pflanzliches Proteinpulver umgeschwenkt, nämlich auf Reis- und Erbsenprotein, um mehr pflanzliche und weniger industriell verarbeitete Nahrung zu mir zu nehmen. Proteinpulver aus Vollkornreis enthält rund 90 Prozent Proteine und alle neun essenziellen Aminosäuren. Es wird vom Körper gut aufgenommen und eignet sich daher hervorragend zum Auftanken nach dem Training. Erbsenprotein wird dagegen langsam verdaut, wie Kasein. Es macht also länger satt als Molkenprotein und unterdrückt Hungergefühle möglicherweise besser. Tatsächlich ergab eine 2011 im *Nutrition Journal* veröffentlichte Studie, dass die Teilnehmer, die vor einer

Mahlzeit einen Erbsenprotein-Smoothie tranken, weniger aßen als diejenigen, die vorher einen Molkenprotein-Smoothie zu sich nahmen. Erbsenprotein ist offenbar ein toller natürlicher Appetitzügler. Im Rezeptteil ab Seite 110 findest du Anregungen, wie du köstliche Smoothies mit Erbsenprotein oder anderen Proteinpulvern zauberst.

Egal, für welches Proteinpulver du dich entscheidest – wenn du Masse aufbauen willst, solltest du zu einem Masseaufbau-Produkt greifen. Unter meinen Smoothie-Rezepten findest du auch zwei hochkalorische Shakes. Probier sie mal, wenn zu deinen Hauptzielen der Aufbau von Muskelmasse zählt. Am besten nimmst du kalorienreiche Shakes innerhalb einer Dreiviertelstunde nach dem Workout ein.

Kreatin

Von dem Nahrungsergänzungsmittel Kreatinmonohydrat bin ich überzeugt, weil es so gut erforscht ist.

Kreatin stockt den Vorrat an ATP auf, einer Substanz, die den Körper mit Energie versorgt. Je mehr Kreatin den Muskeln zur Verfügung steht, desto mehr ATP können sie bilden und desto länger kann man trainieren. Mehrere Studien haben nachgewiesen, dass Kreatin Muskelkraft und Muskelaufbau fördert, wenn die Einnahme mit regelmäßigem Krafttraining gepaart wird.

Kreatin ist in Pulverform erhältlich und lässt sich leicht in Smoothies oder Proteinshakes mixen. Man kann es sogar in Tee auflösen. Nimm am besten vor und nach dem Workout zwei bis fünf Gramm (in der Regel ein, zwei Messlöffel).

Aber Vorsicht: Wenn du Kreatin supplementierst, musst du auf jeden Fall reichlich Wasser trinken – mindestens acht Gläser täglich. Grund dafür ist, dass durch Kreatin Wasser in die Muskelzellen umgelagert wird. Wenn du Kreatin nimmst, musst du deinen Wasserhaushalt unterstützen, sonst belastest du unnötig die Nieren.

Jedes Mittel zur rechten Zeit

Ich bin nicht pingelig, was den Zeitpunkt der Einnahme von Nahrungsergänzungsmitteln angeht. Nimm sie ein, wann es dir passt! Abgesehen davon folgt jetzt ein Vorschlag, wie du Nahrungsergänzungsmittel in den Kraftstoff-Plan integrieren kannst.

1. Mahlzeit: Zum Frühstück frisch gepressten Saft mit grünem Pulver
2. Mahlzeit: Nach dem Training ein Proteinshake mit Obst und Kreatin
3. Mahlzeit: Mittagessen
4. Mahlzeit: Proteinshake
5 Mahlzeit: Abendessen
6. Mahlzeit (wenn gewünscht): Proteinshake aus langsamem Kasein- oder Erbsenprotein

Fazit

- Frag deinen Arzt, bevor du mit der Einnahme eines Nahrungsergänzungsmittels beginnst, und nimm es nur, wenn er einverstanden ist – außer bei Proteinpulver, Proteinriegeln oder grünem Pulver (die zählen als Lebensmittel).
- Frag deinen Arzt, ob bei dir irgendein Nährstoffmangel vorliegt, der durch Supplementierung behoben werden könnte.
- Hüte dich vor Hypes.
- Glaub nicht, du könntest eine gesunde Ernährung durch einen Haufen Nahrungsergänzungsmittel ersetzen. Frisches, buntes Obst und Gemüse und natürliches Vollkorngetreide bieten mit ihrem Nährwert Vorzüge, die mit Pillen, Kapseln und Tabletten nicht reinzuholen sind.

4. TEIL

Das Kraftstoff-Workout

11. Kapitel

Schneller fit werden mit System

Gib mir zehn Minuten.

Wenn es dir bisher schwergefallen ist, Trainingsdisziplin zu entwickeln oder im vollen Terminplan Zeit für Fitness freizuschaufeln, habe ich eine gute Nachricht für dich: Straffe Muskeln, Kraft und Fitness kannst du in zehn Minuten (ein paarmal die Woche) erreichen, und du musst dafür nicht mal Mitglied im Fitnessstudio sein oder quer durch die Stadt zu irgendeinem Kurs fahren.

Willkommen beim Kraftstoff-Workout! Es ist ein kurzes, aber energisches Trainingsprogramm mit Körpergewichtsübungen, das Fett abbaut, den Stoffwechsel ankurbelt und Kraft gibt.

Für Körpergewichtsübungen braucht man keine Kurz- oder Langhanteln, Therabänder, Pezzibälle oder klobige Maschinen – das einzige Gerät ist dein Körper. Dein Körpergewicht liefert den Widerstand, den du zum Erlangen von mehr Kraft und Definition brauchst.

Mit Bodyweight-Training kann man mehr Muskulatur entwickeln als mit Gewichten, weil sie mehr Muskeln auf einmal ansprechen. Aus diesem Grund pushen sie auch den Stoffwechsel stärker und definieren die Muskeln besser als Isolationsübungen, wie sie beim Gerätetraining gemacht werden. Körpergewichtsübungen können mehr Kalorien verbrennen als Aerobic und sind sicherer als die meisten anderen Trainingsmethoden, weil sie nebenbei Gleichgewichtssinn und Stabilität schulen und so Verletzungen vorbeugen. Und nicht vergessen: Körpergewichtsübungen kannst du in der Wohnung, im Hotelzimmer, im Garten oder im Büro machen.

Aber glaub jetzt bloß nicht, Körpergewichtsübungen wären was für Schwächlinge. Überleg mal: Wenn du je Kniebeugen, Liegestütze oder schwierige Yoga-Stellungen versucht hast, weißt du, wie hart die Muskeln dabei arbeiten. Was nicht verwundert. Bewegungen, die gleichzeitig Kraft, Ausdauer, Balance, Gelenkigkeit und Koordination erfordern, sind natürlich schwerer als solche, die nur eine dieser Fähigkeiten abrufen. Wenn du für meine Behauptung einen Beweis aus dem Spitzensport sehen willst, dann schau dir mal die Körper von olympischen Turnern an.

Körpergewichtsübungen bilden seit buchstäblich Tausenden von Jahren den Kern aller Körperertüchtigungsprogramme für Elite-Kampftruppen (also die ganz harten Jungs). Meist werden sie entweder ausschließlich oder in Kombination mit anderen Trainingsmethoden eingesetzt, wenn die

Soldaten stationiert sind oder sich auf eine Stationierung vorbereiten.

Als Rekrut der Special Operations nahm ich 1997 an einem (qualvollen!) Kraft- und Ausdauertraining auf Eliteniveau teil, das größtenteils auf Körpergewichtsübungen setzte. Die ersten zehn Wochen sollten zeigen, aus welchem Holz wir geschnitzt waren, und die Abbrecherquote war hoch. Gut, die meisten waren vom Wassertraining zermürbt, aber viele scheiterten auch an den endlosen Stunden mit Körpergewichtsübungen. Ich weiß noch, dass uns eines Freitags tausend gemeinsame Nonstop-Liegestütze als »Kollektivstrafe« aufgebrummt wurden, weil ein paar von uns ihre extrem instabilen Schnorchel mit zu viel Tape verstärkt hatten! Zugegeben, schon am Tag zuvor waren wir angewiesen worden, es wieder zu entfernen …

Ungeachtet der Art, wie Körpergewichtsübungen damals eingesetzt wurden, stellte ich an meinem Körperbau und dem der anderen massive Veränderungen fest. Ich wurde regelrecht süchtig nach dieser Form von Training und benutze sie seitdem, um die Menschen, die ich trainiere, mental und körperlich voranzubringen.

Ich will keineswegs den Eindruck hervorrufen, militärisch geprägte Trainingsmethoden seien immer knallhart. Absolut nicht. Körpergewichtsübungen lassen sich jedem Fitnesslevel anpassen. Selbst reguläre Liegestütze kann man sich anfangs leichter machen. Man kann mit den Händen an der Wand oder auf dem Tisch beginnen. Mit zunehmender Kraft sucht man sich dann immer niedrigere Stützen für die Hände, bis man die Übung mit allen vieren auf dem Boden schafft. Dann kann man wiederum die Füße erhöhen, um den Schwierigkeitsgrad noch zu steigern. Und wenn das auch zu leicht wird, macht man sämtliche Steigerungsschritte noch mal einarmig. Außerdem kann man am oberen oder unteren Wendepunkt jeder Bewegung Pausen von ein oder zwei Sekunden einlegen, um die Intensität zu steigern. Stabilität, Balance und Koordination werden gefördert, indem man Übungen auf instabilen Untergründen ausführt. Liegestütze kann man beispielsweise mit den Händen auf einem Ball machen. Die Wirksamkeit von Übungen steigert man ebenfalls, indem man sie noch kontrollierter ausführt – ganz langsam hinuntergehen und dann so schnell wie möglich wieder hoch. Kontrolliert ausgeführte Körpergewichtsübungen führen zu mehr Bewegungsqualität im Alltag. Und das alles nur mit Liegestütze.

Ist Gerätetraining also überholt?

Ich finde, dass alles seinen Sinn und Zweck hat – aber Langhanteln oder anderen Fitnessgerätschaften wohnt nun mal kein spezieller Zauber inne. Wenn du drei Sätze Liegestütze zu je zwölf Wiederholungen bis zum Muskelversagen (also bis zu dem Punkt, an dem du keine mehr schaffst) gemacht hast, hast du deine Muskeln genauso belastet wie in drei Sätzen Bankdrücken zu je zwölf Wiederholungen bis zum Muskelversagen. Und bei den Liegestützen wird die Hilfsmuskulatur viel stärker beansprucht. Der Trick besteht darin, die Übungsvariation so zu wählen, dass man immer im richtigen Wiederholungsbereich bleibt. Das gleiche Prinzip lässt sich auf Zieh-, Kniebeuge-, Hüftbeuge- und Core-Übungen anwenden.

Du bist dein eigenes Fitnessstudio: Die Vorteile von Körpergewichtsübungen

Den eigenen Körper als Fitnessgerät zu benutzen hat viele Vorteile, aber der größte ist wahrscheinlich die Zeitersparnis. Du kannst überall und jederzeit trainieren. Sagen wir, du sitzt über den

Rechner gebeugt am Schreibtisch und fühlst dich schlapp. Du musst nichts weiter tun als aufstehen und kurze zehn Minuten Körpergewichtsübungen machen. Danach hast du wieder Energie, und zwar den ganzen Tag lang. Außerdem wachst du am nächsten Morgen erfrischt und fit für den Tag auf. Du kannst auch jede Viertelstunde aufstehen und ein paar Wiederholungen von irgendeiner Übung machen. Über den ganzen Arbeitstag verteilt, kommt so eine Menge Training zusammen!

Die allerhäufigste Ausrede für ausgelassenes Training ist Zeitnot, aber bei Körpergewichtsübungen kann man das vergessen. Die Ausrede zieht einfach nicht, weil ein Workout nur zehn Minuten dauert. Wer hat denn keine zehn Minuten übrig?

Zudem brauchst du dich um zusätzliches aerobes Training nicht zu kümmern (es sei denn, du hast Lust darauf). Beim Kraftstoff-Workout ist die Herz-Kreislauf-Komponente eingebaut, weil du schnell von einer Übung zur nächsten übergehst und viele Muskeln auf einmal ansprichst. Dadurch bleibt die Herzfrequenz ständig erhöht, und der aerobe Ausdauereffekt ist gegeben.

Körpergewichtsübungen steigern auch die sportliche Leistungsfähigkeit, weil sie in der Regel funktional sind. Du führst dadurch nicht nur die Übungen selbst immer besser aus, sondern schulst eine effektive Bewegungsweise und steigerst dadurch deine Leistungsfähigkeit in Sport und Alltag allgemein. Anstatt dich in der Bedienung von Maschinen und im Heben von Hanteln zu üben, lernst du, deinen Körper durch sämtliche Bewegungsebenen zu bewegen – auf/ab, vorwärts/rückwärts, seitwärts und drehend –, ganz im Gegensatz zum herkömmlichen Krafttraining, bei dem man immer nur eine Bewegungsebene nutzt. Durch mein Workout werden unsere natürlichen Bewegungsabläufe bei minimalem Zeiteinsatz maximal gestärkt. Deine Fähigkeit, mit idealer Gelenkkontrolle in die Hocke oder den Ausfallschritt zu gehen, zu ziehen, zu schieben und dich zu drehen, wird sich drastisch verbessern, und du wirst Kraft, Ausdauer, Schnelligkeit, Energie, Balance, Gelenkigkeit und Koordination optimieren. Kurz: Du lernst, deinen Körper besser zu gebrauchen.

Wenn du bereits trainierst, hast du womöglich ein Plateau erreicht oder findest deine Workouts inzwischen langweilig. Wenn das so ist, können Körpergewichtsübungen dir neue Möglichkeiten eröffnen, besonders bei fehlendem Zugang zu Trainingsgeräten, Zeitknappheit und Unzufriedenheit mit deinem gewohnten Training.

Hooya

Vorteile von Körpergewichtsübungen und einem aktiven Lebensstil

- Gewichtsabnahme und dauerhafte Gewichtsregulierung
- Wünschenswerte Veränderungen der prozentualen Körperzusammensetzung (mehr Muskelmasse, weniger Fett)
- Mehr Körperkraft

- Vorbeugung von lebensbedrohlichen Krankheiten (z. B. Herzkrankheitn, Diabetes und Krebs)
- Verringerung von Bluthochdruck
- Gesündere und stärkere Knochen
- Bessere Konzentrationsfähigkeit
- Stressabbau und -bewältigung
- Vorbeugung vor eventuellen Verletzungen
- Besseres Selbstvertrauen und Selbstbild
- Bessere Haltung
- Erhöhte sportliche Leistungsfähigkeit
- Entwicklung von Koordinationsvermögen und Gleichgewichtssinn
- Mehr Gelenkigkeit

Kraftstoff-Plan + Kraftstoff-Workout

Deinen Abnehmerfolg kannst du erheblich steigern, wenn du die im ersten Teil erläuterte Diät mit dem Kraftstoff-Workout ergänzt. Krafttraining ist ein wichtiger Bestandteil jedes Fettabbau- und Muskelaufbau-Programms. Ohne beide Elemente zu verbinden, erreichst du keine guten Resultate.

Wenn du abnehmen willst, ohne zu trainieren, wirst du zwar Kilos loswerden, aber dabei auch wertvolle, Kalorien verbrennende Muskulatur verlieren. Der Körperfettabbau geht schneller voran, wenn du Kalorienzyklen praktizierst und dabei Körpergewichtsübungen absolvierst – anstatt ohne Krafttraining nur Diät zu halten. Körpergewichtsübungen kurbeln den Stoffwechsel an und beschleunigen den Kalorienverbrauch – und das noch Stunden nach Trainingsende. Die Forschung stellt fest: Je mehr Muskeln man im Training anspricht, desto kräftiger brummt der Stoffwechsel in den nächsten 24 bis 48 Stunden. Das bedeutet, dass der Körper noch lange nach dem Training Fett verbrennt, sogar im Schlaf.

Indem du deine Muskelmasse durch Krafttraining instand hältst, bringst du deinen Stoffwechsel dazu, laufend viele Kalorien zu verbrennen. So bekommst du dein Körpergewicht auch langfristig in den Griff und verhinderst, dass es wieder steigt und immer wieder zum Problem wird.

Mit dem Kraftstoff-Workout entwickelst du dich bei minimalem Zeiteinsatz auf allen Fitnessgebieten weiter – Kraft, Ausdauer, Balance, Koordination etc. Körpergewichtsübungen und gesunde Ernährung sind der kürzeste Weg von deinem derzeitigen Zustand zu dem, den du erreichen willst.

Im nächsten Kapitel zeige ich dir Übungen, die dich schlanker, stärker und reicher (du sparst Kosten für Fitnessstudio und Ausrüstung) machen werden – der einzige Preis dafür ist dein Schweiß.

Meine sechs Erfolgsprinzipien

1. Beharrlichkeit

Wahrlich das Erfolgsprinzip Nummer eins. Egal, ob du Fett abbauen, an Muskelmasse zulegen oder beides willst, Beharrlichkeit in Sachen Ernährung und Training ist das Allerwichtigste. Das bedeutet, dass du dich jeden Tag an den Diätplan hältst und jede Woche mindestens dreimal trainierst. Das mag dir zwanghaft erscheinen, aber ich finde, dass die Sorge um dein Wohlbefinden höchste Priorität haben sollte. Nicht nur um deines Körpers willen, sondern auch damit du positive Gewohnheiten annimmst, die dir in allen anderen Lebensbereichen zum Erfolg verhelfen. Nichts wird dir je gelingen, wenn du nicht Woche für Woche dranbleibst, ohne nachzulassen. Mit Körpergewichtsübungen ist das allerdings kinderleicht.

2. Erholung

Gönn dir reichlich Zeit zum Ausspannen zwischen den Workouts. Diese Ruhezeit wird als »Erholungsphase« bezeichnet. Manche Menschen werden so vom Eifer gepackt, dass sie jeden Tag trainieren. Ironischerweise ergibt das nur einen geringen oder langsamen Fortschritt (Übertraining). Die Muskeln wachsen, entwickeln und straffen sich *zwischen* einem Workout und dem nächsten, nicht währenddessen. Für die meisten Menschen mit Vollzeitberuf und/oder Familienpflichten sind pro Woche drei bis vier nicht aufeinanderfolgende, zehn- bis zwanzigminütige Trainingseinheiten anfangs vollkommen ausreichend.

3. Regelmäßigkeit

Der Körper reagiert nicht sehr lange auf Workouts, die als ungeplanter, unorganisierter Mischmasch zusammengestellt sind, sondern er gedeiht durch Regelmäßigkeit und Routine. Mein Fluglotsenausbilder drückte es so aus: »Wir brauchen erstens ein System und zweitens einen Plan – dann sind wir gefährlich.« Umgemünzt heißt das: Dann werden wir richtig fit. Der beste Weg ist, sich Ziele zu setzen und dann regelmäßig und systematisch die Übungen zu absolvieren, die am schnellsten zu diesen Zielen führen.

4. Abwechslung

Abwechslung ist die Würze des Lebens, aber das soll nicht heißen, dass es beim Training darauf ankommt, jedes Mal neue Übungen zu machen. Selbstverständlich kannst du jahrelang die gleichen Übungen absolvieren. Aber ob dein Körper auch auf diese Übungen reagiert, hängt davon ab, wie sehr du Volumen und Intensität variierst. Wer das Trainingsvolumen nicht höherschraubt und die Intensität nicht verschärft, gibt seinem Körper keinen Grund, sich weiter zu verändern.

5. Überlastung

Um Kraft, Muskelmasse und Muskeltonus zu erhöhen, musst du den Muskel einer Überlastung aussetzen. Das bedeutet, dass die Muskeln einem Reiz ausgesetzt werden müssen, den sie nicht gewohnt sind. Der Körper benötigt ständig neue Reize, um sich gezwungenermaßen positiv zu verändern. Es gibt mehrere Möglichkeiten, mit Bodyweight-Training eine solche Überlastung zu erreichen:

- Bei jedem Workout die Zahl der Sätze oder Wiederholungen der gleichen Übung steigern.
- Die Ruhepausen zwischen den Sätzen verkürzen.
- Immer schwierigere Übungen wählen (du findest welche unter MarkLauren.com).
- Die Übungen mit höherer Geschwindigkeit ausführen.
- Den Überlastungsgrad einer Muskelgruppe durch eine Kombination der obigen Methoden steigern.

6. Progression

Fang da an, wo du stehst, hab Geduld und steigere das Volumen und die Intensität deines Trainings schrittweise. Mehr heißt nicht automatisch besser. Gerade genug ist genug. Versuch immer, den Schwierigkeitsgrad deines Workouts zu steigern, ohne dich zu sehr zu überlasten. Je weiter du vorankommst, desto mehr wirst du die Veränderungen an deinem Körper bemerken. Um auf Fortgeschrittenenniveau zu kommen, musst du zusätzliche Körpergewichtsübungen ausprobieren, schwerere Varianten wählen, mehr Sätze und Wiederholungen schaffen, zwischen den Sätzen weniger pausieren, das Tempo steigern oder alles zusammen machen. Aber Denk daran, dass eine zu schnelle Progression zu Übertraining führen kann.

Einen tollen Körper verschafft man sich nicht über Nacht. Man tut nicht nur hin und wieder etwas dafür und belässt es dabei. Du musst dich einer gesunden Lebensweise regelrecht verschreiben – mit Training und der richtigen Ernährung. Alle paar Monate solltest du dein Programm überprüfen. Was funktioniert? Was nicht? Was kannst du besser machen? Stell dir diese Fragen und beantworte sie, und dann mach die erforderlichen Kurskorrekturen, ob du nun andere Übungen hinzufügst oder die Intensität erhöhst. Wenn du dich nicht immer wieder forderst, machst du keine Fortschritte und verlierst wahrscheinlich das Interesse. Geh immer weiter vorwärts. Bleib auf Kurs, dann wirst du sehen, wie Figur und Gesundheit davon profitieren. Nichts motiviert mehr als der Fortschritt!

Lies dir zunächst die Übungsbeschreibungen durch und schau dir auf den Abbildungen an, wie die Übungen durchgeführt werden. Du brauchst wirklich keinen Personal Trainer. Die Bilder von mir und die Beschreibungen sind Anleitung genug. Nach ein paar Workouts musst du nicht einmal mehr in diesem Kapitel nachschlagen. Dann kannst du die Bewegungen nämlich auswendig.

Wie es funktioniert

Führe die Übungen in der angegebenen Reihenfolge durch und vergiss nicht das Aufwärmen am Anfang und das leichten Übungen zum Abkühlen danach. Nach den Übungsbeschreibungen findest du drei leicht durchführbare Workouts.

Was du brauchst

Nix! Das ist das Schöne am Training mit dem eigenen Körper als Ausrüstung. (Natürlich solltest du dir bequeme Trainingskleidung anziehen und Platz für weite Bewegungen schaffen.)

Startklar? Dann legen wir los!

12. Kapitel

Auf die Plätze, fertig ... los! Die Kraftstoff-Übungen

Die Aufwärm-Übungen

Hüftheben im Vierfüßlerstand

Startposition

Vierfüßlerstand mit Händen und Knien auf dem Boden. Knie zusammen.

Bewegung

Das rechte Knie so hoch wie möglich zur Seite heben und dabei im rechten Winkel gebeugt halten. Am höchsten Punkt kurz halten und den rechten Gesäßmuskel kräftig anspannen. Das rechte Bein wieder senken – damit ist eine Wiederholung komplett. Mach 10 Wiederholungen rechts, dann 10 Wiederholungen links.

Schulterkreisen in Seitenlage

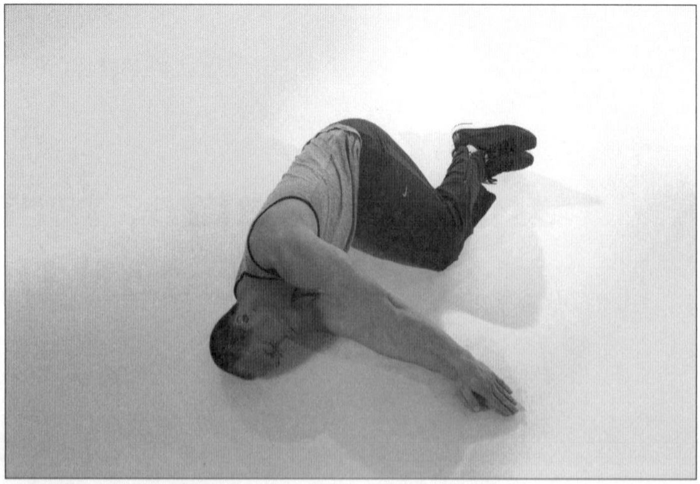

Startposition

Auf der rechten Seite liegend, die Beine so anziehen, dass Hüften und Knie im rechten Winkel gebeugt sind. Die Arme sind gerade nach vorne gestreckt, die linke Handfläche liegt auf der rechten.

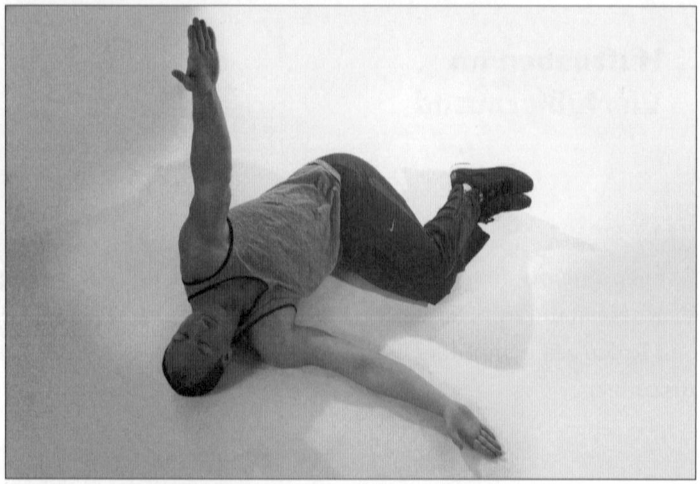

Bewegung

Den linken Arm nach oben führen und dann auf der anderen Seite des Rumpfs sinken lassen. Das linke Schulterblatt und den Arm so dicht an den Boden bringen wie möglich. In die Startposition zurückkehren. Mach 10 Wiederholungen auf der rechten Seite liegend, dann 10 Wiederholungen auf der linken.

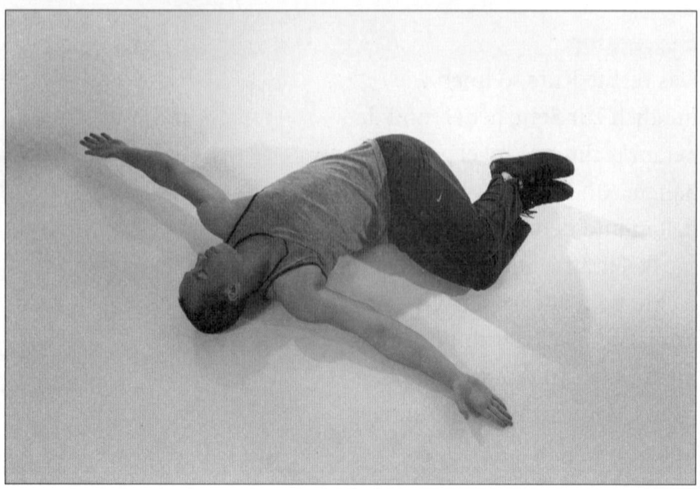

Kniender Ausfallschritt mit Armen über Kopf

Startposition

Mit dem rechten Bein einen großen Schritt vorwärts machen, um in einen tiefen Ausfallschritt zu gelangen. Arme in die Höhe strecken. Die Ellbogen sind gestreckt, die Hände sind mit den Handflächen nach vorne zusammengelegt wie vor einem Sprung ins Schwimmbecken. Das rechte Knie ist direkt über dem rechten Fußgelenk. Die Zehen des linken Fußes zeigen vom Körper weg.

Bewegung

Den linken Fuß gegen den Boden drücken und den linken Gesäßmuskel anspannen. Mit der rechten Hand zum Boden zeigen, die linke Hand bleibt dabei nach oben gestreckt. Entlang der linken Körperseite müsstest du jetzt eine Dehnung spüren. Diese Position 5 Sekunden halten, dann in die Startposition zurückkehren. 5 Wiederholungen, dann Seitenwechsel und 5 weitere Wiederholungen.

Zombie Squat

Startposition

Du stehst aufrecht mit leicht angehobenem Brustkorb, die Füße etwa schulterbreit auseinander. Streck die Arme nach vorne wie ein Zombie. Die Zehen zeigen nach vorne, nicht zur Seite.

Bewegung

Das Becken nach hinten schieben. Knie beugen und das Becken so weit wie möglich nach unten sinken lassen, ohne dabei den Rücken rund zu machen. Knie dabei nicht zueinanderdrehen. Wenn du gelenkig bist, kannst du dich so tief sinken lassen, dass der Po die Waden berührt. Sobald du nicht mehr tiefer kommst, ohne den Rücken zu krümmen, kehrst du die Bewegung um: Pobacken zusammenkneifen und wieder aufstehen. 15 Wiederholungen.

Ausfallschritt mit Armen über Kopf

Trainierte Muskeln

Beine, Gesäß, Rückenstrecker, Core (Rumpf)

Startposition

Du stehst aufrecht und stramm, die Füße zusammen, die Arme in die Höhe gestreckt wie vor einem Sprung ins Schwimmbecken.

Bewegung

Mit dem rechten Bein einen großen Ausfallschritt nach hinten (einen sogenannten Lunge) machen. Das linke Knie beugen und das Becken nach hinten und unten senken, bis das rechte Knie fast den Boden berührt. Der Schritt muss so weit sein, dass das linke Knie direkt über dem Fußgelenk ist. Wenn das rechte Knie fast den Boden berührt und nach unten zeigt, kehrst du die Bewegung um und richtest dich wieder auf.

Wiederhole die Übung mit dem anderen Bein. Halte während der gesamten Bewegung den Oberkörper aufrecht und gestreckt. Die Oberarme liegen an den Ohren, die Ellbogen bleiben so gestreckt wie möglich.

Bodyrocks

Trainierte Muskeln
Core, Schultern, Latissimus (Rücken), Quadrizeps (vorderer Oberschenkel)

Startposition
Liegestützhaltung mit von Kopf bis Fersen gestrecktem Körper. Unterarme auf den Boden legen. Die Ellbogen sind direkt unter den Schultern.

Bewegung
Den Körper aus der Startposition heraus erst nach hinten, dann nach vorne schieben, in beide Richtungen so weit wie möglich, ohne das Becken zu heben oder zu senken. Achte beim Vor- und Zurückschieben darauf, dass der Körper immer eine gerade Linie bildet.

Push Squat

Trainierte Muskeln

Beine, Core, Schultern, Trizeps, Latissimus

Startposition

Du stehst aufrecht, die Füße schulterbreit auseinander, die Arme an den Seiten. Becken nach hinten führen, Knie beugen, Hände auf den Boden legen.

Bewegung

Mit den Füßen nach hinten springen, sodass du in die Liegestützhaltung kommst. Die Hände sind nun unter den Schultern, der Körper ist vom Kopf bis zu den Fersen gestreckt, der Bauch angespannt und eingezogen. Mit den Füßen wieder nach vorne zu den Händen springen. Aufstehen und in die Startposition zurückkehren.

Rudernder Fallschirmspringer

Trainierte Muskeln

Rückenstrecker, Schultern und Trapezmuskel (Nacken)

Startposition

Bauchlage, Füße zusammen, Arme nach vorne gestreckt.

Bewegung

Arme und Beine vom Boden heben und angehoben lassen. Mit gestreckten Armen seitlich nach hinten rudern. Arme in die Startposition zurückbringen. Während der gesamten Bewegung zeigen die Daumen nach oben.

Sitzende Grätsche

Startposition

Du sitzt mit so weit gegrätschten Beinen, dass in der Lendengegend eine leichte Dehnung spürbar ist. Der Oberkörper ist aufrecht und gestreckt, die Zehen sind zu dir gezogen und zeigen zur Decke.

Bewegung

Mit der rechten Hand so weit nach der Außenseite des linken Fußes greifen, wie du kannst. Die Dehnung 20 bis 30 Sekunden halten, dann zur anderen Seite wechseln. Wenn du den Fuß nicht erreichst, dann berühre die Außenseite des Schienbeins oder des Knies. Den Rücken während der Dehnung nicht krümmen.

4er-Hüftdehnung

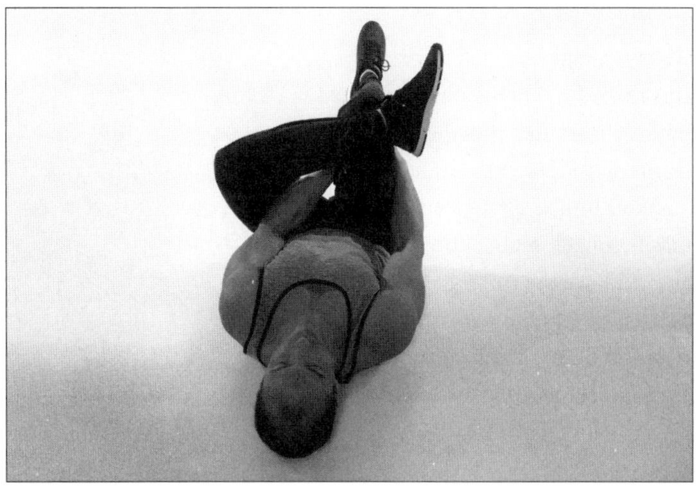

Startposition

Rückenlage. Den linken Fuß unterhalb des Knies auf den rechten Oberschenkel legen, sodass die Beine eine umgekehrte 4 bilden.

Bewegung

Mit beiden Händen den rechten Oberschenkel unterhalb des linken Fußes umfassen und das rechte Bein zur Brust ziehen. Die Dehnung müsste in der linken Hüfte zu spüren sein. Eine noch intensivere Dehnung erreichst du, indem du das linke Knie mit dem rechten Ellbogen von dir wegschiebst. Die Dehnung 20 bis 30 Sekunden halten, dann zur anderen Seite wechseln.

Skorpion-Dehnung

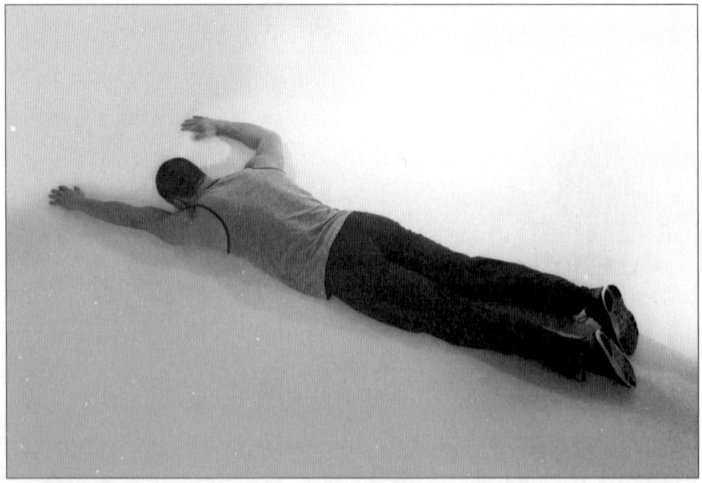

Startposition

Bauchlage, die Füße zusammen, den linken Arm nach vorne gestreckt, der rechte Arm seitlich abgewinkelt. Der rechte Ellbogen ist rechtwinklig gebeugt.

Bewegung

Das linke Knie beugen und senkrecht in die Höhe heben. Dann den Rücken so drehen, dass der linke Fuß so weit wie möglich nach rechts kommt. Dabei bleibt die linke Achselhöhle möglichst dicht am Boden. Diese Übung dehnt den Latissimus, die Brustmuskeln und Hüftbeuger und verbessert die dynamische Rumpfstabilität. Die Dehnung 20 bis 30 Sekunden halten, dann zur anderen Seite wechseln.

Workouts

Du kannst die folgenden Workouts einzeln oder miteinander verbunden durchführen. Wenn du mit den oben beschriebenen Aufwärmübungen fertig bist, machst du eines der folgenden Workouts. Anschließend entspannst du ein paar Minuten mit den Dehnübungen zum Abkühlen.

Auf Zeit (Montag)

Von jeder Übung machst du 3 bis 5 Sätze hintereinander. Jeder Satz besteht aus 30 Sekunden Übung, gefolgt von 30 Sekunden Ruhepause. Sobald du alle Sätze einer Übung geschafft hast, gehst du zur nächsten Übung über.

Zirkeltraining (Mittwoch)

Mach jede Übung 40 Sekunden lang. Pausiere 20 Sekunden lang, dann mach die nächste Übung. Geh alle Übungen nacheinander 3- bis 5-mal durch.

So viele Runden wie möglich (SVRWM, Freitag)

Mach die folgenden Übungen mit der vorgeschriebenen Wiederholungszahl, und zwar so oft hintereinander, wie du in 10 Minuten schaffst.

- Ausfallschritt mit Armen über Kopf – 10 Wiederholungen im Wechsel (5 mit jedem Bein)
- Bodyrocks – 15 Wiederholungen
- Push Squats – 10 Wiederholungen
- Rudernder Fallschirmspringer – 15 Wiederholungen

Das Trainingsvolumen kannst du erhöhen, indem du in der vorgegebenen Zeit mehr Runden machst oder indem du die Gesamtdauer des Workouts auf bis zu 20 Minuten verlängerst.

13. Kapitel

Der Kraftstoff-Plan im echten Leben

Egal, ob du dich, was Wunschgewicht und Fitnessideal angeht, der Zielgeraden näherst oder bereits eine Ehrenrunde um die Waage läufst – gewöhn dich an den Gedanken, dass der Kraftstoff-Plan nicht zu Ende ist. Er ist nie zu Ende. Denn der Kraftstoff-Plan ist keine Diät, sondern jetzt ein Teil deines Lebens. Er ist eine Wende in deinem Leben.

Ich weiß, dass du diese Wende schaffst, und zwar dauerhaft. Denn dieser Plan ist lebbar – dauerhaft lebbar – und damit das Gegenteil einer Jo-Jo-Diät. Der Kraftstoff-Plan funktioniert dein Leben lang.

Was kannst du noch tun, um deine langfristigen Erfolgschancen zu erhöhen? Wie bestehst du den Hindernislauf, zu dem eine lebenslange gesunde Ernährung – auf Reisen, in Restaurants, bei Gewichtszunahme – mitunter werden kann?

Auswärts richtig essen

Ich weiß ja nicht, wie das mit dir ist, aber ich bin kein Stubenhocker, der Selleriestangen knabbert. Ich gehe zu gern essen, um darauf zu verzichten. Ich mag das Essen, den gelegentlichen Wein und den sozialen Aspekt des Zusammenseins mit Freunden und der Familie.

Mit dem Kraftstoff-Plan musst du deine Ausgehgewohnheiten nicht drastisch ändern. Tatsächlich ist es bemerkenswert einfach, den Plan in praktisch jedem beliebigen Restaurant durchzuziehen. Zuerst durchkämmst du die Speisekarte nach Gerichten, die im Kraftstoff-Plan vorkommen. Die erste Frage, die du dir stellen solltest, lautet: *Welche Proteine soll ich essen?* Das könnte ein Steak, gegrillte Hähnchenbrust, eine Portion Fisch oder irgendein anderer Proteinlieferant sein, das nicht in Sahnesauce schwimmt.

Nächste Frage: Welche langsamen oder schnellen Kohlenhydrate esse ich? Du kannst einen Salat bestellen und das Öl-Essig-Dressing extra dazu, Gemüse-Allerlei oder ein schnelles Kohlenhydrat wie Reis, eine Ofenkartoffel oder Süßkartoffel. Wenn du dich im 1er-Block befindest, bestellst du so viel langsames Gemüse, wie du schaffst. Bist du im 2er- oder 3er-Block, achtest du einfach darauf, wie viel schnelle Kohlenhydrate du bestellst. Denk auch daran, viel Wasser zu trinken.

Möchtest du mehr über die Speisenauswahl wissen? Die Bedienung ist meistens gerne bereit, dir die Speisekarte zu erläutern und deinen Wünschen zu entsprechen. Laut *National Restaurant Association* würden 75 Prozent der amerikanischen Verbraucher im Restaurant gerne gesünder essen. Die Restaurants – auch in vielen anderen Teilen der Welt – kommen diesen Wünschen oft entgegen.

Ich weiß, schon bevor ich essen gehe, dass ich mit einer zweiten Mahlzeit nach Hause kommen werde. Das liegt daran, dass viele Restaurants Portionen auftischen, die Gebirgen gleichen. Manchmal esse ich nur die Hälfte und bitte darum, mir die andere Hälfte einzupacken, sodass ich sie mitnehmen kann. Damit ist dann für mein nächstes Mittag- oder Abendessen gesorgt. Eine Taktik, die gleichzeitig Zeit, Geld und Kalorien spart.

Wenn ich essen gehe, meide ich All-you-can-eat-Büfetts (zu verlockend) und Restaurantketten, in denen das Essen nie frisch ist, weil es von sonst woher angekarrt wird. Stattdessen suche ich Läden mit einzigartigem Charakter, vom Familienbetrieb bis zum Markt- oder Streetfood-Stand, wo es regionale Produkte und frisches, von Hand gekochtes Essen gibt. Südostasiatische und japanische Restaurants sind mit ihrem reichhaltigen Gemüse- und Proteinangebot auch immer eine sichere Sache.

Zum Essen gehört oft auch Alkohol, aber Alkohol erhöht den Cortisolspiegel, und das ist schlecht. Cortisol lenkt das Fett offenbar direkt zur Taille. (Das ist wahrscheinlich der Grund für die Wampe biertrinkender Männer – wobei auch Frauen dieses unvorteilhafte Profil bekommen können.)

Bevor du dein Zielgewicht erreicht hast, solltest du am besten auf Alkohol verzichten, um ungebremst abzunehmen. Wenn du dann dein Idealgewicht hast, kannst du Alkohol in Maßen genießen. Das bedeutet in der Regel ein Getränk am Tag für Frauen und zwei für Männer. Ein Getränk entspricht 0,3 Liter Bier, 0,15 Liter Wein oder 4 Zentiliter Spirituosen. Du kannst dich auch die Woche über aufs Wochenende freuen, wenn du ausgehst und zum Essen etwas trinkst.

Regelmäßig mehr als diese Mengen zu trinken kann gefährlich sein, weil Alkohol neben seiner fett machenden Nebenwirkung auch die Aufnahme von Vitaminen und Mineralstoffen im Körper behindert, darunter Thiamin, Vitamin B6 und Kalzium. Chronischer Alkoholmissbrauch hat darüber hinaus negative Auswirkungen auf fast jedes Organ im Körper, besonders die Leber. Starker Alkoholgenuss kann auch zu Unfällen und sozialen, psychologischen und emotionalen Problemen führen.

Hooya!

Wie man gesund aus Schachteln isst

Ja, auch in Fast-Food-Läden kann man ordentliches Essen bekommen, allerdings bin ich kein Fan dieser Etablissements. Grundsätzlich rate ich dazu, in Fast-Food-Restaurants nur zu essen, wenn es wirklich keine andere Möglichkeit gibt.
Die Speisekarten in solchen Läden ändern sich ständig, daher gebe ich dir ein paar allgemeine Tipps zur Speisenauswahl:

Burgerketten: Bestell dir einen Burger und lass das Brötchen liegen, es sei denn, du brauchst deine täglichen schnellen Kohlenhydrate. Runde die Mahlzeit mit einem Salat ab, zu dem du ein fettarmes Dressing wählst. Gemüse- oder Chickenburger sind auch keine schlechte Wahl, meistens sind sie kalorienarm. Finger weg von der Mayonnaise, nimm lieber Senf. Meide paniertes Hähnchen, Bacon, Cheeseburger und frittierten Fisch.

Subway o. Ä.: Bestell Salat oder Gemüsesuppe, solange sie keine Sahne enthält. Ein 15-cm-Sub (Sandwich) mit Gemüse ist eine gesunde Wahl, wenn du schnelle Kohlenhydrate brauchst. Auch hier gilt: Senf statt Mayo.

KFC o. Ä.: Betreten auf eigene Gefahr! Der wabernde Fritteusenduft ist einfach zu verführerisch. Aber Widerstand ist nicht zwecklos: Bestell ein Grillhähnchengericht mit grünen Bohnen oder Mais als Beilage und sieh zu, dass du so schnell wie möglich wieder draußen bist!

Mexikanisches Fast Food: Hier solltest du auf Hähnchen- oder Rindfleischstreifen in Tortilla-Wraps setzen. Meide die fettigen Gerichte wie Nachos, Enchiladas, Burritos und so weiter. Taco-Salat ist übrigens voller Kalorien und Fett. Finger weg.

Asiatische Schnellküche: Nach meiner Erfahrung gibt in asiatischen Imbissen immer etwas Ordentliches zu essen. Meist gibt es irgendein Hähnchengericht, das nicht paniert oder frittiert ist, aber trotzdem schmeckt. Lass dir dazu eine doppelte Portion gedämpftes Gemüse machen, und schon hast du eine regelrechte Kraftstoff-Mahlzeit.

Dönerbuden: Hähnchendöner ist meist etwas weniger fettig als die Kalbs- oder Lammvariante. Lass dir reichlich Salat und scharfe Sauce statt Knoblauchsauce geben und iss allerhöchstens die Hälfte des Fladenbrotes, je nachdem, wie viel schnelle Kohlenhydrate du benötigst.

Unterwegs richtig essen

Ich bin jedes Jahr sechs Monate lang unterwegs, und zwar seit ich mit 18 bei meiner Mutter auszog. Ich weiß, wie es ist, eine gesunde Ernährungsweise durchzuziehen und die täglichen Mahlzeiten im Griff zu behalten, wenn man nicht zu Hause ist, sondern auf Geschäfts-, Urlaubs- oder Durchreise.

Ich esse unterwegs meistens ziemlich gesund. Ich esse einfach und vollwertig, hauptsächlich Geflügel und Fisch, Obst und Gemüse. Ob zu Hause oder auf Reisen: Essen ist für mich Kraftstoff, der mir Energie und Antrieb geben soll.

Sofern in meiner Unterkunft ein Kühlschrank (Minibar) vorhanden ist, kaufe ich meinen Reiseproviant vor Ort ein: Dosenthunfisch, hart gekochte Eier, küchenfertiges Gemüse und frisches Obst. Ich esse auch gerne Studentenfutter; es liefert hervorragenden Kraftstoff für unterwegs. Und ich trinke reichlich Wasser.

Zu den schwierigsten Kraftstoff-Situationen auf Reisen zählen Flughäfen und Flüge. Was man in Flughäfen zu essen bekommt, ist meistens voller Zucker, Fett und Salz, dafür aber arm an Nährstoffen. Dazu kommt, dass das lange Sitzen in engen Kabinen zu Wassereinlagerungen und Schwellungen führen kann. Wenn möglich, nehme ich eine gesunde Mahlzeit zu mir, bevor ich zum Flughafen fahre, und packe Apfel- und Orangenschnitze, Studentenfutter, Rohkost und gegrillte Hähnchenbrust für zwischendurch ein, damit ich nicht ausgehungert ankomme. Wenn ich schlampig geplant habe oder in unerwartete Situationen komme, esse ich auch Fast Food am Flughafen, suche mir aber möglichst etwas Gesünderes, Leichteres aus und esse nur so viel, dass keine Hungergefühle aufkommen.

Unterwegs richtig trainieren

Ein spannendes Thema ist normalerweise das Training auf Reisen. Bei Körpergewichtsübungen stellt sich das Problem aber gar nicht, denn sie können überall ausgeführt werden, auch im Hotelzimmer. Ich muss gar nicht rausgehen und ein Fitnessstudio ausfindig machen, denn mein Fitnessstudio ist mein Körper. Außerdem reise ich oft an Orte, an denen Training im Freien wegen zu großer Hitze, zu viel Verkehr und schlechter Luftqualität nicht ratsam ist. Aber das Entscheidende ist, dass das Training im Hotelzimmer schnell, bequem und sehr effektiv ist.

Mein übliches Reise-Workout besteht aus allerlei Liegestützen, Squats, Lunges und anderen Körpergewichtsübungen, die ich in einer energischen Viertel- bis halben Stunde absolviere. So schaffe ich in den eigenen vier Hotelwänden ein tolles Kraft- und Ausdauertraining. Es gibt allerdings Zeiten, in denen ich so beschäftigt bin, dass ich keine Zeit für ein komplettes Training freimachen kann. Wenn man in diese Lage gerät – erschöpft und gehetzt –, ist es wichtig, sich Alternativen zu schaffen. Für mich hat es sich sowohl unterwegs als auch zu Hause bewährt, mehrfach am Tag Minipausen einzulegen, in denen ich kurz trainiere, besonders wenn ich am Rechner sitze. Wenn ich alle 15 bis 30 Minuten leichte Sätze irgendeiner Übung mache, summiert sich das über den Tag hinweg zu einem ordentlichen Trainingsvolumen. Du musst nicht ins Schwitzen geraten – jeder Satz fördert die Durchblutung und hält den Geist frisch.

Sei kreativ, um in Bewegung zu kommen. Wenn du Wartezeiten beim Umsteigen oder am Flughafen hast, dann spazier durch die Terminals oder über die Bahnsteige.

Es ist wichtig, zu Hause oder auf Reisen immer aktiv zu bleiben. Denk daran, dass eines meiner Erfolgsprinzipien die Beharrlichkeit ist. Körpergewichtsübungen kannst du immer *hier und jetzt* machen. Es muss nicht intensiv sein, auf die Beharrlichkeit kommt es an. Finde einen Weg.

Feiertage überleben

Ich verkünde hiermit offiziell, dass ich Feiertage liebe, weil es so viel zu essen gibt. Eine große Fitnesszeitschrift hat mich einmal gefragt, welche Gerichte meiner Meinung nach während der Feiertage verboten sind. Meine Antwort lautete: »Keines!«

Na gut, du hast sicher auch gelesen, dass die durchschnittliche Gewichtszunahme über die Feiertage zwischen drei und vier Kilo liegt. Gewiss können Speckpolster entstehen, und wir alle wissen, wie leicht man während der Feiertage schwach wird. Das passiert uns allen. Aber sieh es realistisch. Auch wenn du zu viel geschlemmt haben magst, reg dich nicht darüber auf. Gelegentliche Schwächen machen dich nicht gleich zu einem Versager.

Du kannst das große Jammern aber auch verhindern, indem du während der Feiertage einfach gesund isst, statt Diät zu machen. Ein realistisches Ziel wäre schon mal, in dieser Zeit nicht an Gewicht zuzulegen; versuch lieber, es zu halten. Dann solltest du essen, was du willst – jawohl, richtig gelesen! Achte einfach auf deine Portionen und bleib aktiv. Mach alles, was deinen Körper in Bewegung bringt. Praktiziere deine Bodyweight-Übungen. Führ den Hund aus, spiel nach dem Essen mit den Kindern im Garten oder überrede deine Familienmitglieder zu einem Ballspiel.

Oft ist das Zusammensein mit Familienmitgliedern von Stress überlagert. Mein Ratschlag: Stress ausschwitzen. Training ist eine der wirksamsten Methoden zur Bewältigung von emotionalem Stress. Beim Training werden natürliche Wohlfühlsubstanzen, die sogenannten Endorphine, ausgeschüttet, außerdem wird die Anreicherung von Cortisol im Körper vermindert. Durch Training löst du auch nervositätsbedingte Muskelverspannungen.

Solange du ausreichend in Bewegung bleibst, kannst du an Feiertagen mit meiner Erlaubnis all deine Lieblingsgerichte genießen.

Richtig essen im Familien- und Freundeskreis

Was, wenn du dich im 1er- oder 2er-Block befindest und dein Partner jeden Abend Pasta essen will? Oder wenn ein guter Freund mehrmals in der Woche nach der Arbeit auf Bier und Pizza besteht?

Es ist unbestreitbar, dass das knifflige Probleme sind. Dein Vorhaben, fit zu werden, wird reibungsloser klappen, wenn du Freunde und Familie mit an Bord holst. Sie können dich enorm unterstützen, wenn du sie auf deine Seite bekommst.

Das gelingt am besten, wenn du dir einfach klarmachst, dass deine Interessen Vorrang haben, soweit es um deine Gesundheit geht. Was *du* willst, ist entscheidend. Das mag etwas egoistisch klingen, aber es sind dein Leben und dein Körper. Ob du in der Lage bist, für andere da zu sein, hängt stark davon ab, wie gut du für dich selbst sorgen kannst. Zeig anderen, dass du deine Prioritäten ernst nimmst, und halte dich daran, dann wirst du bald Nachahmer finden. Freunde und Familie werden merken, wie gut du dich fühlst, und das wird ihnen den Anstoß geben, sich selbst zu ändern. Aber du musst für dich die Entscheidung treffen und dazu stehen.

Es hilft auch, den Menschen um dich herum zu verstehen zu geben, dass du ihre Unterstützung brauchst. Erklär ihnen die Grundlagen des Kraftstoff-Plans. Du kannst sie sogar dieses Buch lesen lassen. Sie müssen verstehen, dass dieser Plan anders ist – und zwar erst recht, wenn sie deine bisherigen Diätdebakel miterlebt haben. Bitte sie darum, dir zu helfen, indem sie dir nichts Fettmachendes anbieten, dein Vorhaben nicht belächeln oder dich sonst wie in Versuchung führen. Bitte sie darum, dir nie Essen anzubieten und dich nicht für deine Bemühungen zu verspotten oder zu kritisieren. Erwarte nicht von deinen Lieben, dass sie ihre Ernährungsweise von einem Tag auf den anderen umstellen oder dass sie lieb gewordene Nahrungsmittel weglassen. Aber um Hilfe kannst du sie bitten. Nach und nach wirst du ihnen neue Gerichte und Essgewohnheiten nahebringen, und davon profitieren sie letzten Endes.

Vielfach bezeugt sind die Vorteile des gemeinsamen Diäthaltens mit einer Freundin, einem Kumpel oder einem Angehörigen. Diese Strategie ist sogar wissenschaftlich untermauert. In einer Studie des Miriam Hospital und der Brown Medical School an 109 Übergewichtigen nahmen diejenigen, die sich mit einem diszipliniert Diät haltenden Verwandten oder Bekannten zusammentaten, doppelt so viel ab wie diejenigen, die es solo angingen oder deren Diätpartner nicht abnahmen.

Diätpartner können sich gegenseitig auf Kurs halten und gemeinsam kleine Erfolge feiern, die andernfalls unbeachtet blieben. Besonders gut klappt es, wenn beide alles dafür tun, um fit zu werden. Achte darauf, einen Partner zu finden, der ebenfalls entschlossen ist und in jedem Fall für dich da sein wird. Wenn deine Freundin auf einmal Kekse in sich hineinstopft, kannst du ihr sagen, dass das nicht so schlimm ist – und sie ein paar Tage später daran erinnern: »Los, Mädel, wir machen jetzt weiter.« Versucht euch gegenseitig zu motivieren und aufzufangen, wenn's mal eine Panne gibt. Sich gegenseitig zur Rechenschaft zu ziehen ist unbezahlbar. Ihr könnt Rezepte, Zubereitungsmethoden und Tipps für Restaurantbesuche austauschen. Was dir geholfen hat, hilft auch deinem Partner.

Vielleicht mögt ihr ja einen freundschaftlichen Wettbewerb beginnen. Ich bringe immer dann die besten Leistungen, wenn andere zusehen oder ich mich im Wettkampf befinde. Schließt Vereinbarungen oder Wetten ab, sodass derjenige, der schummelt oder den Plan nicht einhält, dem oder der anderen das Auto waschen, die Wohnung putzen, ein gesundes Geschenk machen oder zur Strafe 50 Squats machen muss. Oder ihr macht eine gemeinsame Kasse auf, und für jede Schummelei muss der Betreffende einen bestimmten Geldbetrag einzahlen, während der, der durchhält und sein Ziel erreicht, das Geld gewinnt. Wenn ihr das spielerisch angeht, macht es Spaß, und ein kleiner Wettkampf unter Freunden hat noch keinem wehgetan.

So hilfreich ein Diätpartner ist, ein Trainingspartner ist es ebenso. Sich zum Training zusammenzutun bringt einige Vorteile. Bei einer Umfrage unter 2.220 MyFitnessPal-Usern gaben 65 Prozent an, dass das Training so mehr Spaß macht. 50 Prozent sagten, dass sie zu zweit besser trainierten, und 55 Prozent meinten, dass sie ein gemeinsames Training nicht so schnell auslassen würden. Ihr könnt meine Körpergewichtsübungen gemeinsam erlernen und praktizieren und dann noch mehr Freunde dazuholen, sodass ein richtiger Kurs entsteht. Du kannst auch erst mal allein trainieren und dann noch mal zur Unterstützung einer Freundin, der es schwerfällt dranzubleiben.

In Form bleiben

Du bist die Pfunde los – und jetzt? Schlank bleiben ist noch schwieriger als abnehmen, denn du musst es jeden Tag von Neuem tun. Auf den folgenden Seiten habe ich ein paar Tipps für dich – Kleinigkeiten, die du tun kannst, um in Form zu bleiben und dein fabelhaftes neues Selbst zu behalten.

Regelmäßig wiegen

Ich halte es für sinnvoll, ab und zu auf die Waage zu steigen (nicht öfter als einmal in der Woche), um zu sehen, ob das Gewicht steigt, fällt oder gleich bleibt. Wiege dich jedes Mal zur gleichen Tageszeit. Schreib die Zahl auf und hefte sie an einen gut sichtbaren Ort (beispielsweise die Kühlschranktür), damit du ihr nicht entgehen kannst. Um erfolgreich das Wunschgewicht zu halten, muss man akzeptieren, dass es rauf und runter gehen kann wie der Aktienmarkt – sich aber Grenzen abstecken, in denen man bleiben möchte, und einen Spitzenwert, den man nicht überschreitet. Setz dir daher einen »Grenzwert«: eine Zahl auf der Waage, über die du unter keinen Umständen hinausgehst. Die Grenze könnte zwei Kilo über deinem Idealgewicht sein. Durchbrichst du diese Schallmauer, machst du sofort den 1er-Block, um wieder zu deinem Idealgewicht zurückzufinden. Fang sofort damit an, gleich mit der nächsten Mahlzeit. Diese Art der Selbstüberwachung ist der beste Weg, um deinen Abnehmerfolg langfristig zu sichern.

Den Tag mit einer gesunden Mahlzeit beginnen

Eine Untersuchung des National Weight Control Registry (in dem mehr als 10.000 Menschen registriert sind, die durchschnittlich 30 Kilo abgenommen und mindestens sechs Jahre nicht wieder zugenommen haben) ergab, dass es den Teilnehmern nach einem gesunden Frühstück leichter fiel, ihre Nahrungsaufnahme während des restlichen Tages im Griff zu behalten. Tatsächlich gaben 78 Prozent aller registrierten Personen an, dass sie jeden Tag frühstücken.

Zudem fand man über diese Datenbank heraus, dass das Gewichthalten den Teilnehmern mit der Zeit immer leichter fiel. Die Botschaft lautet also: dranbleiben!

Proteine nicht vergessen

Forscher der University of Arizona demonstrierten, wie eine Gruppe von 111 Frauen nach einer viermonatigen Diät ihren durchschnittlichen Gewichtsverlust von 4,5 Kilo ein Jahr lang beibehalten konnte. Der Trick: den ganzen Tag über erhebliche Mengen an Proteinen essen. Wie du weißt, sättigen Proteine mehr als Kohlenhydrate oder sogar Fett. Halt dir die Pfunde vom Leib, indem du weiterhin die Proteinempfehlungen des Kraftstoff-Plans befolgst.

Gemüse genießen

Die Experten sind einer Meinung: Iss viel Obst und langsames Gemüse. Obst und langsame Kohlenhydrate machen dich satt und lassen keinen Platz für fettigen, zuckrigen Fraß. Das liegt daran, dass diese Kohlenhydratquellen einen hohen Wasser- und Ballaststoffgehalt haben und daher viel Volumen. Halte dich bei Obst und Gemüse weiterhin an die Vorgaben des Kraftstoff-Plans. Wenn du Nahrungsmittel mit großem Volumen isst, fühlst du dich immer satt.

Den 3er-Block als Vorlage zum Gewichthalten benutzen

Der 3er-Block mit seinen zusätzlichen schnellen Kohlenhydraten ist die ideale Gewichthalte-Ernährung. Er gibt dir ausreichend Kraftstoff für deinen Alltag, unterstützt Muskelbildung und -erhalt nach dem Training und versorgt dich reichlich mit Nährstoffen. Wenn du findest, dass Desserts und alkoholische Getränke wieder auf deinen Speiseplan dürfen, dann kannst du damit jeweils eines der schnellen Kohlenhydrate des 3er-Blocks ersetzen. Wichtig ist hier jedoch das richtige Maß: Halte dich an die erlaubten Portionsgrößen! Wenn du merkst, dass du an Gewicht zulegst, dann beschränke die Zahl deiner Eskapaden auf ein oder zwei, oder mach den 1er-Block, um dich wieder auf Kurs zu bringen.

Aktiv bleiben

Wenn du dein Zielgewicht halten willst, muss Training ein Teil deines Lebens werden. Mehr als 90 Prozent der erfolgreich schlank Gebliebenen des National Registry of Weight Control bewegen sich mindestens eine Stunde am Tag. Bei vielen von ihnen besteht das Training neben anderen sportlichen Aktivitäten aus Spaziergängen. Wenn du deine Trainingszeiten im Kalender einträgst, im Terminplaner oder im Smartphone – genau so, wie du es mit anderen Terminen und Ereignissen machen würdest –, erhöhst du die Wahrscheinlichkeit, dass du auch wirklich trainierst. Bist du dagegen weniger gut organisiert und merkst, dass du Workouts auslässt, solltest du über den Tag verteilt leichte Körpergewichtsübungen machen, wann immer du daran denkst. Es müssen keine sportlichen Heldentaten sein, nur ein bisschen Bewegung.

Letzten Endes ist jedes Programm, das man nicht ein Leben lang beibehalten kann, nicht der Mühe wert – nicht einen Tag lang. Der Kraftstoff-Plan ist ein Programm, das du dein Leben lang machen kannst. Er wird deinen Körper und deine Gesundheit verändern – und dich erfolgreich in die Zukunft begleiten.

Epilog

Kraftstoff für deine Träume

Dieses Buch geht zu Ende, aber für dich fängt ein neues, fittes und gesundes Leben an. Wir haben ein breites Themengebiet abgedeckt, und ich hoffe sehr, dass ich dir genug Informationen und Orientierung mit auf den Weg gegeben habe. Du musst dir nicht alles merken, solange du die Grundprinzipien des Kraftstoff-Plans im Kopf behältst. Sie sind dazu gedacht, dich dein Leben lang zu begleiten.

Fassen wir alles noch mal zusammen:

- Ernähre dich nach dem Prinzip der Kalorienzyklen, um deinen Stoffwechsel nachhaltig zu beeinflussen. Die drei Blöcke mit ihren unterschiedlichen Kalorien- und Kohlenhydratmengen machen dir die langfristige Umsetzung leicht.
- Mach dir den Unterschied zwischen langsamen und schnellen Kohlenhydraten bewusst. Je weniger schnelle Kohlenhydrate du isst, desto rascher verlierst du an Körperfett. Gleichzeitig setzt du schnelle Kohlenhydrate strategisch ein, um Muskelentwicklung, Trainingsleistung und Energielevel zu pushen.
- Iss mindestens fünf Mahlzeiten am Tag – drei Hauptmahlzeiten und zwei Snacks.
- Jede Mahlzeit besteht aus einer Protein-, einer Kohlenhydrat- und einer Fettquelle. Deinen Fettbedarf deckst du größtenteils direkt aus den Mahlzeiten.
- Finde heraus, wie du mehr langsame Kohlenhydrate (Gemüse) essen kannst, sei es als Salat, Saft, Snack oder Beilage.
- Nimm gleich nach dem Workout Proteine und Kohlenhydrate zu dir – meine Smoothies eignen sich dazu –, um das für Muskelaufbau, Regeneration und Fettabbau günstige Zeitfenster nach dem Training zu nutzen.

- Wähle Nahrungsergänzungsmittel mit Bedacht, und Denk daran, dass sie nie echtes Essen ersetzen können.
- Wenn du eine Gewichtszunahme bemerkst, wechsle in den 1er- oder 2er-Block, um die Pfunde wieder loszuwerden.
- Halte dich an ein Trainingsprogramm, das auf Körpergewichtsübungen setzt. Trainiere dreibis maximal fünfmal pro Woche, um noch mehr Fett zu verbrennen und die Muskulatur zu definieren.
- Erhöhe möglichst stetig den Schwierigkeitsgrad deines Trainings.

Mentaler Kraftstoff

So, wie du deinen Körper mit hochwertiger Nahrung versorgst, musst du meiner Ansicht nach auch deinen Geist nähren – mit hochwertigen Gedanken und Überzeugungen. Ich nenne das »mentalen Kraftstoff«. Genau wie deine Muskeln gewinnt auch dein Geist an Kraft und Stärke, je mehr du ihn trainierst und forderst.

Bei meiner Arbeit mit Elitesoldaten ist mir an ihnen etwas aufgefallen: Sie sind sehr stark motiviert, das zu tun, was sie tun – im Einsatz, in ihrer Ausbildung und in ihrem Training. Und das liegt wirklich nicht daran, dass sie angeschrien werden; es liegt an einer tiefen Leidenschaft für ihre Arbeit und ihre Mission.

Ich gehe davon aus, dass es dir ernst damit ist, in Form zu sein – innerlich und äußerlich. Aus dieser ernsten Absicht heraus erwächst deine Motivation, das Richtige zu essen und dich zu bewegen. Wenn du den Kraftstoff-Plan mit Leidenschaft angehst, kannst du daran wachsen. Leidenschaft ist ein wichtiger mentaler Kraftstoff, der dein Engagement intensiver macht, dein Selbstvertrauen und deine Selbstachtung stärkt und dir die nötige mentale Energie gibt, um den Ausreden, die dich blockieren, etwas entgegenzusetzen.

Schauen wir uns die Funktion von Leidenschaft genauer an – damit du sie als mentalen Kraftstoff nutzen kannst, um deine Leistungsfähigkeit und Motivation zu verbessern.

Wenn du Leidenschaft entwickeln willst, musst du dir immer wieder diese entscheidende Frage stellen: Warum will ich richtig essen und fit werden? Vielleicht willst du gut aussehen, in eine kleinere Kleidergröße passen, mehr Lebensqualität haben, Krankheiten vorbeugen, mehr Energie haben, den Geist schärfen oder alles zusammen.

Um diese Wünsche zu verstärken, kannst du eine Liste mit allen positiven Aspekten von gesunder Ernährung und Bewegung aufstellen und sie so aufhängen, dass morgens sofort dein Blick darauf fällt. Diese Liste – mit den Antworten auf deine Frage – wird deiner Leidenschaft die Zielrichtung geben. Sagen wir mal, du befolgst den Kraftstoff-Plan, um deine Lebensqualität zu verbessern. Sobald du dir das bewusst gemacht hast und es glaubst, ändert sich deine Einstellung von »Soll ich heute gesund essen?« zu »Was esse ich heute, um meine Lebensqualität zu verbessern?«. Auf diese Weise wird gute Ernährung in deinem Leben verankert.

Militärrekruten wissen, wie sie ihre Mission mit Leidenschaft füllen. Sie stellen ihre mentalen und emotionalen Kräfte voll und ganz in den Dienst dessen, was sie zu vollbringen haben – sei es eine strapazenreiche Ausbildung oder eine Schlacht. Auf dich und dein Fitnessvorhaben bezogen, heißt das, dass du dich innerlich mit einer »Das-schaffe-ich-Mentalität« rüsten musst. Eine hochwirksame Methode, um eine solche zupackende Einstellung zu erreichen, besteht darin, sich Affirmationen zurechtzulegen, die man wieder und wieder im Kopf abspielen kann. Ersetze beispielsweise »Ich kann mich nicht an Diäten halten« durch »Ich versorge mich gerne mit hochwertiger Nahrung«. Oder ersetze » Heute hab ich keine Lust auf Training« durch »Nach dem heutigen Training werde ich mich fantastisch fühlen«.

Was nützen dir Gedanken, die deinen Absichten widersprechen? Was du dir im Kopf sagst, setzt du mit dem Körper um. Um negative innere Monologe und abwertende Einstellungen gar nicht erst zuzulassen, musst du genau auf dein mentales Geplapper hören, abfällige Gedanken rausschmeißen und motivierende an ihre Stelle treten lassen. Such dir nach jedem Workout und jedem nährstoffreichen Tag etwas heraus, was du gut gemacht hast. Lass es dir durch den Kopf gehen, brenne es dir in die Gehirnwindungen ein und feiere deinen Erfolg.

Vergiss trotzdem nicht, dass Taten mehr sagen als Worte. Alle positiven Gedanken und Worte der Welt machen dich nicht schlanker, schneller, stärker oder gesünder. Beharrliches Tun und die stetige Pflege gesunder Ernährungs- und Bewegungsgewohnheiten sind unverzichtbare Voraussetzungen fürs Gelingen.

Als Trainer erinnere ich meine Klienten ständig daran, dass sie mit jedem Trainingstag entscheiden, ob sie ihrem Ziel einen Schritt näher kommen, stehen bleiben oder einen Schritt zurückgehen. Das Gleiche gilt für dich: Jeden Tag entscheidest du, ob du im Plan bleibst – es ist *deine* Entscheidung.

Es ist hilfreich, sich zu Tagesbeginn eine bestimmte Mission aufzuerlegen. Sag dir beispielsweise: »Heute werde ich mich absolut richtig ernähren. Keine Schlamperei!« Erinnere dich im Laufe des Tages immer wieder an deine Mission.

Wenn du langfristig dranbleiben willst, musst du deine Mission ständig überprüfen, deinen Fortschritt evaluieren, deine Erfolge und Misserfolge anerkennen und dich aufs Weitermachen konzentrieren. Wenn du deiner Mission treu bleibst, wachsen deine Leidenschaft und dein Selbstvertrauen von Tag zu Tag.

Leidenschaft verspürt man auch bei allem, was Freude macht. Deshalb sollten Ernährung und Training meiner Ansicht nach Spaß machen. Ich weiß, was du denkst: »Spaß am Diäthalten? Spaß am Schwitzen? Bist du bescheuert?«

Lass es mich erklären. Du kannst Freude an diesen Dingen finden. Tausche Tipps und Rezepte mit Freunden, die auch den Kraftstoff-Plan machen. Schmeiß nach jeder gesund gelebten Woche oder nach jedem Training etwas Kleingeld in eine Dose. Schau einen Monat lang zu, wie deine Beute mehr und mehr wird, und gib sie dann für eine Belohnung aus – solange es kein Haufen Schokoriegel ist. Ergänze deine Körpergewichtsübungen, indem du eine neue Sportart ausprobierst. Versuch's mal mit Kajakpaddeln, Fahrradfahren oder Wandern.

Du solltest dir auch mental die Freude ausmalen, die deine Fitnessziele mit sich bringen: Es macht Freude, mit einem neuen sexy Körper knappe Kleidung zu tragen. Es macht Freude, neue Kleidung in einer kleineren Größe einkaufen zu gehen. Es macht Freude, am Strand definierte Muskeln vorzuzeigen. Es macht Freude, mehr Energie zu haben und sich lebendiger zu fühlen. Was du anstrebst, sind nicht nur ein toller Körper und mehr Gesundheit, sondern auch ein Gefühl – das freudige Gefühl, in Form zu sein.

Es gibt einen tollen Spruch: »Wenn deine Liebe für das, was du tust, größer ist als die Mühe, es zu tun, ist Erfolg unausweichlich.« Das gilt für die Karriere, für Hobbys, fürs Elternsein, es gilt für Freundschaft und Partnerschaft und auch für Ernährung und Sport. Sobald du wirklich liebst, was du tust, und dabei Freude verspürst, geht es dir augenblicklich besser. Dein Energieniveau schießt in die Höhe. Deine Leistungen in allen Lebensgebieten steigern sich ebenfalls. Du kannst mit weniger Anstrengung viel mehr erreichen.

Leidenschaftlich zu sein ist immer das Beste. Mit Leidenschaft lebst du ein besseres, erfüllteres Leben. Leidenschaft lässt dich lächeln und gibt dir eine positive Ausstrahlung.

Ich predige es immer und überall: Wer seinen Körper ändern will, muss seine Einstellung und seine Lebensweise ändern.

Du brauchst Leidenschaft und die Überzeugung, dass du es schaffen wirst. Übernimm die Verantwortung für deine Ernährung, dein Training und deine Lebensweise.

Menschen, die dieses Vorhaben leidenschaftlich und zielstrebig angehen, staunen darüber, was sie alles erreichen können.

Bring dich selbst zum Staunen – ab heute.

Danksagung

Kaum etwas Bemerkenswertes wird ohne Hilfe vollbracht. Dieses Buch und sein Konzept sind das Werk vieler talentierter und fleißiger Menschen. Es gibt so viele große und kleine Beiträge, ohne die dieses Buch nicht entstanden wäre. Ich möchte euch allen danken.

Mein außergewöhnlicher Literaturagent, Steve Ross, hat dieses Team zusammengebracht und den Arbeitsprozess angestoßen. Meine Coautorin, Maggie Greenwood-Robinson, ließ die Arbeit fast mühelos erscheinen dank ihrer Fähigkeit, die richtigen Fragen zu stellen, Ideen klar auszudrücken, Material zu strukturieren und vor allem eine tolle Kollegin zu sein. Unsere Cheflektorin Marnie Cochran bei Ballantine Books hat viel Vertrauen in mein Team gesetzt und führt unsere Projekte immer äußerst kompetent. Samantha Nomany und Sengfong Rozales haben mit enormem Einsatz massiv zum Gelingen des Buches beigetragen, indem sie Rezepte schufen, die den Richtlinien der Diät entsprechen.

Zuletzt möchte ich noch der wichtigsten Stütze des Kraftstoff-Plans meine ewige Dankbarkeit zusichern: den vielen Nutzern meiner Fitnessprogramme, die mir unschätzbare Unterstützung und Rückmeldung gegeben haben.

Anhang

Speiseplan-Vorlage

Hier ist eine einfache Vorlage für Speisepläne, die du für alle Blöcke des Kraftstoff-Plans benutzen kannst. Notiere einfach im Wochenplan, was du zu jeder Mahlzeit isst. Fülle die Einkaufsliste mit den Lebensmitteln aus, die du für die jeweilige Woche brauchst. Aber Denk daran: Schnelle Kohlenhydrate dürfen im 3er-Block viermal täglich vorkommen, im 2er-Block zweimal täglich und im 1er-Block einmal täglich. Dass sie in der Vorlage bei jeder Mahlzeit erwähnt sind, heißt nur, dass du die Auswahl hast, *wo* du sie platzierst – nicht, dass du zu jedem Essen schnelle Kohlenhydrate futtern sollst!

Speiseplan für den 3er-Block (Woche 1–3)

Montag	Dienstag
Frühstück: Proteine: Schnelle Kohlenhydrate: Sonstiges (langsame KH, Bonus-Kraftstoff, Würzmittel):	**Frühstück:** Proteine: Schnelle Kohlenhydrate: Sonstiges (langsame KH, Bonus-Kraftstoff, Würzmittel):
Snack: Proteine: Schnelle Kohlenhydrate: Sonstiges (langsame KH, Bonus-Kraftstoff, Würzmittel):	**Snack:** Proteine: Schnelle Kohlenhydrate: Sonstiges (langsame KH, Bonus-Kraftstoff, Würzmittel):
Mittagessen: Proteine: Schnelle Kohlenhydrate: Sonstiges (langsame KH, Bonus-Kraftstoff, Würzmittel):	**Mittagessen:** Proteine: Schnelle Kohlenhydrate: Sonstiges (langsame KH, Bonus-Kraftstoff, Würzmittel):
Snack: Proteine: Schnelle Kohlenhydrate: Sonstiges (langsame KH, Bonus-Kraftstoff, Würzmittel):	**Snack:** Proteine: Schnelle Kohlenhydrate: Sonstiges (langsame KH, Bonus-Kraftstoff, Würzmittel):
Abendessen: Proteine: Schnelle Kohlenhydrate: Sonstiges (Langsame KH, Bonus-Kraftstoff, Würzmittel):	**Abendessen:** Proteine: Schnelle Kohlenhydrate: Sonstiges (langsame KH, Bonus-Kraftstoff, Würzmittel):

Mittwoch	Donnerstag
Frühstück: Proteine: Schnelle Kohlenhydrate: Sonstiges (langsame KH, Bonus-Kraftstoff, Würzmittel):	**Frühstück:** Proteine: Schnelle Kohlenhydrate: Sonstiges (langsame KH, Bonus-Kraftstoff, Würzmittel):
Snack: Proteine: Schnelle Kohlenhydrate: Sonstiges (langsame KH, Bonus-Kraftstoff, Würzmittel):	**Snack:** Proteine: Schnelle Kohlenhydrate: Sonstiges (langsame KH, Bonus-Kraftstoff, Würzmittel):
Mittagessen: Proteine: Schnelle Kohlenhydrate: Sonstiges (langsame KH, Bonus-Kraftstoff, Würzmittel):	**Mittagessen:** Proteine: Schnelle Kohlenhydrate: Sonstiges (langsame KH, Bonus-Kraftstoff, Würzmittel):
Snack: Proteine: Schnelle Kohlenhydrate: Sonstiges (langsame KH, Bonus-Kraftstoff, Würzmittel):	**Snack:** Proteine: Schnelle Kohlenhydrate: Sonstiges (langsame KH, Bonus-Kraftstoff, Würzmittel):
Abendessen: Proteine: Schnelle Kohlenhydrate: Sonstiges (Langsame KH, Bonus-Kraftstoff, Würzmittel):	**Abendessen:** Proteine: Schnelle Kohlenhydrate: Sonstiges (langsame KH, Bonus-Kraftstoff, Würzmittel):

Freitag	Samstag
Frühstück: Proteine: Schnelle Kohlenhydrate: Sonstiges (langsame KH, Bonus-Kraftstoff, Würzmittel):	**Frühstück:** Proteine: Schnelle Kohlenhydrate: Sonstiges (langsame KH, Bonus-Kraftstoff, Würzmittel):
Snack: Proteine: Schnelle Kohlenhydrate: Sonstiges (langsame KH, Bonus-Kraftstoff, Würzmittel):	**Snack:** Proteine: Schnelle Kohlenhydrate: Sonstiges (langsame KH, Bonus-Kraftstoff, Würzmittel):
Mittagessen: Proteine: Schnelle Kohlenhydrate: Sonstiges (langsame KH, Bonus-Kraftstoff, Würzmittel):	**Mittagessen:** Proteine: Schnelle Kohlenhydrate: Sonstiges (langsame KH, Bonus-Kraftstoff, Würzmittel):
Snack: Proteine: Schnelle Kohlenhydrate: Sonstiges (langsame KH, Bonus-Kraftstoff, Würzmittel):	**Snack:** Proteine: Schnelle Kohlenhydrate: Sonstiges (langsame KH, Bonus-Kraftstoff, Würzmittel):
Abendessen: Proteine: Schnelle Kohlenhydrate: Sonstiges (Langsame KH, Bonus-Kraftstoff, Würzmittel):	**Abendessen:** Proteine: Schnelle Kohlenhydrate: Sonstiges (langsame KH, Bonus-Kraftstoff, Würzmittel):

<table>
<tr><th>Sonntag</th><th>Einkaufsliste für den 3er-Block</th></tr>
<tr><td>Frühstück:
Proteine:
Schnelle Kohlenhydrate:
Sonstiges (langsame KH, Bonus-Kraftstoff, Würzmittel):</td><td rowspan="5">Obst und Gemüse
Proteine
Fleisch und Geflügel
Fisch und Meeresfrüchte
Eier und Fleischersatz
Getreide, Zerealien und Brot
Tiefkühlprodukte
Konserven
Öl und Essig
Gewürze
Würz- und Süßmittel
Getränke
Sonstiges</td></tr>
<tr><td>Snack:
Proteine:
Schnelle Kohlenhydrate:
Sonstiges (langsame KH, Bonus-Kraftstoff, Würzmittel):</td></tr>
<tr><td>Mittagessen:
Proteine:
Schnelle Kohlenhydrate:
Sonstiges (langsame KH, Bonus-Kraftstoff, Würzmittel):</td></tr>
<tr><td>Snack:
Proteine:
Schnelle Kohlenhydrate:
Sonstiges (langsame KH, Bonus-Kraftstoff, Würzmittel):</td></tr>
<tr><td>Abendessen:
Proteine:
Schnelle Kohlenhydrate:
Sonstiges (Langsame KH, Bonus-Kraftstoff, Würzmittel):</td></tr>
</table>

Speiseplan für den 2er-Block (Woche 4–5)

Montag	Dienstag
Frühstück: Proteine: Schnelle Kohlenhydrate: Sonstiges (langsame KH, Bonus-Kraftstoff, Würzmittel):	**Frühstück:** Proteine: Schnelle Kohlenhydrate: Sonstiges (langsame KH, Bonus-Kraftstoff, Würzmittel):
Snack: Proteine: Schnelle Kohlenhydrate: Sonstiges (langsame KH, Bonus-Kraftstoff, Würzmittel):	**Snack:** Proteine: Schnelle Kohlenhydrate: Sonstiges (langsame KH, Bonus-Kraftstoff, Würzmittel):
Mittagessen: Proteine: Schnelle Kohlenhydrate: Sonstiges (langsame KH, Bonus-Kraftstoff, Würzmittel):	**Mittagessen:** Proteine: Schnelle Kohlenhydrate: Sonstiges (langsame KH, Bonus-Kraftstoff, Würzmittel):
Snack: Proteine: Schnelle Kohlenhydrate: Sonstiges (langsame KH, Bonus-Kraftstoff, Würzmittel):	**Snack:** Proteine: Schnelle Kohlenhydrate: Sonstiges (langsame KH, Bonus-Kraftstoff, Würzmittel):
Abendessen: Proteine: Schnelle Kohlenhydrate: Sonstiges (Langsame KH, Bonus-Kraftstoff, Würzmittel):	**Abendessen:** Proteine: Schnelle Kohlenhydrate: Sonstiges (langsame KH, Bonus-Kraftstoff, Würzmittel):

Mittwoch	Donnerstag
Frühstück: Proteine: Schnelle Kohlenhydrate: Sonstiges (langsame KH, Bonus-Kraftstoff, Würzmittel):	**Frühstück:** Proteine: Schnelle Kohlenhydrate: Sonstiges (langsame KH, Bonus-Kraftstoff, Würzmittel):
Snack: Proteine: Schnelle Kohlenhydrate: Sonstiges (langsame KH, Bonus-Kraftstoff, Würzmittel):	**Snack:** Proteine: Schnelle Kohlenhydrate: Sonstiges (langsame KH, Bonus-Kraftstoff, Würzmittel):
Mittagessen: Proteine: Schnelle Kohlenhydrate: Sonstiges (langsame KH, Bonus-Kraftstoff, Würzmittel):	**Mittagessen:** Proteine: Schnelle Kohlenhydrate: Sonstiges (langsame KH, Bonus-Kraftstoff, Würzmittel):
Snack: Proteine: Schnelle Kohlenhydrate: Sonstiges (langsame KH, Bonus-Kraftstoff, Würzmittel):	**Snack:** Proteine: Schnelle Kohlenhydrate: Sonstiges (langsame KH, Bonus-Kraftstoff, Würzmittel):
Abendessen: Proteine: Schnelle Kohlenhydrate: Sonstiges (Langsame KH, Bonus-Kraftstoff, Würzmittel):	**Abendessen:** Proteine: Schnelle Kohlenhydrate: Sonstiges (langsame KH, Bonus-Kraftstoff, Würzmittel):

Freitag	Samstag
Frühstück: Proteine: Schnelle Kohlenhydrate: Sonstiges (langsame KH, Bonus-Kraftstoff, Würzmittel):	**Frühstück:** Proteine: Schnelle Kohlenhydrate: Sonstiges (langsame KH, Bonus-Kraftstoff, Würzmittel):
Snack: Proteine: Schnelle Kohlenhydrate: Sonstiges (langsame KH, Bonus-Kraftstoff, Würzmittel):	**Snack:** Proteine: Schnelle Kohlenhydrate: Sonstiges (langsame KH, Bonus-Kraftstoff, Würzmittel):
Mittagessen: Proteine: Schnelle Kohlenhydrate: Sonstiges (langsame KH, Bonus-Kraftstoff, Würzmittel):	**Mittagessen:** Proteine: Schnelle Kohlenhydrate: Sonstiges (langsame KH, Bonus-Kraftstoff, Würzmittel):
Snack: Proteine: Schnelle Kohlenhydrate: Sonstiges (langsame KH, Bonus-Kraftstoff, Würzmittel):	**Snack:** Proteine: Schnelle Kohlenhydrate: Sonstiges (langsame KH, Bonus-Kraftstoff, Würzmittel):
Abendessen: Proteine: Schnelle Kohlenhydrate: Sonstiges (Langsame KH, Bonus-Kraftstoff, Würzmittel):	**Abendessen:** Proteine: Schnelle Kohlenhydrate: Sonstiges (langsame KH, Bonus-Kraftstoff, Würzmittel):

Sonntag	Einkaufsliste für den 2er-Block
Frühstück: Proteine: Schnelle Kohlenhydrate: Sonstiges (langsame KH, Bonus-Kraftstoff, Würzmittel):	Obst und Gemüse Proteine Fleisch und Geflügel Fisch und Meeresfrüchte Eier und Fleischersatz Getreide, Zerealien und Brot Tiefkühlprodukte Konserven Öl und Essig Gewürze Würz- und Süßmittel Getränke Sonstiges
Snack: Proteine: Schnelle Kohlenhydrate: Sonstiges (langsame KH, Bonus-Kraftstoff, Würzmittel):	
Mittagessen: Proteine: Schnelle Kohlenhydrate: Sonstiges (langsame KH, Bonus-Kraftstoff, Würzmittel):	
Snack: Proteine: Schnelle Kohlenhydrate: Sonstiges (langsame KH, Bonus-Kraftstoff, Würzmittel):	
Abendessen: Proteine: Schnelle Kohlenhydrate: Sonstiges (Langsame KH, Bonus-Kraftstoff, Würzmittel):	

Speiseplan für den 1er-Block (Woche 6)

Montag	Dienstag
Frühstück: Proteine: Schnelle Kohlenhydrate: Sonstiges (langsame KH, Bonus-Kraftstoff, Würzmittel):	**Frühstück:** Proteine: Schnelle Kohlenhydrate: Sonstiges (langsame KH, Bonus-Kraftstoff, Würzmittel):
Snack: Proteine: Schnelle Kohlenhydrate: Sonstiges (falls nicht schon zum Frühstück gegessen):	**Snack:** Proteine: Schnelle Kohlenhydrate: Sonstiges (falls nicht schon zum Frühstück gegessen):
Mittagessen: Proteine: Schnelle Kohlenhydrate: Sonstiges (langsame KH, Bonus-Kraftstoff, Würzmittel):	**Mittagessen:** Proteine: Schnelle Kohlenhydrate: Sonstiges (langsame KH, Bonus-Kraftstoff, Würzmittel):
Snack: Proteine: Schnelle Kohlenhydrate: Sonstiges (Nüsse, Saaten oder Bonus-Kraftstoff):	**Snack:** Proteine: Schnelle Kohlenhydrate: Sonstiges (Nüsse, Saaten oder Bonus-Kraftstoff):
Abendessen: Proteine: Schnelle Kohlenhydrate: Sonstiges (Langsame KH, Bonus-Kraftstoff, Würzmittel):	**Abendessen:** Proteine: Schnelle Kohlenhydrate: Sonstiges (langsame KH, Bonus-Kraftstoff, Würzmittel):

Mittwoch	Donnerstag
Frühstück: Proteine: Schnelle Kohlenhydrate: Sonstiges (langsame KH, Bonus-Kraftstoff, Würzmittel):	**Frühstück:** Proteine: Schnelle Kohlenhydrate: Sonstiges (langsame KH, Bonus-Kraftstoff, Würzmittel):
Snack: Proteine: Schnelle Kohlenhydrate: Sonstiges (falls nicht schon zum Frühstück gegessen):	**Snack:** Proteine: Schnelle Kohlenhydrate: Sonstiges (falls nicht schon zum Frühstück gegessen):
Mittagessen: Proteine: Schnelle Kohlenhydrate: Sonstiges (langsame KH, Bonus-Kraftstoff, Würzmittel):	**Mittagessen:** Proteine: Schnelle Kohlenhydrate: Sonstiges (langsame KH, Bonus-Kraftstoff, Würzmittel):
Snack: Proteine: Schnelle Kohlenhydrate: Sonstiges (Nüsse, Saaten oder Bonus-Kraftstoff):	**Snack:** Proteine: Schnelle Kohlenhydrate: Sonstiges (Nüsse, Saaten oder Bonus-Kraftstoff):
Abendessen: Proteine: Schnelle Kohlenhydrate: Sonstiges (Langsame KH, Bonus-Kraftstoff, Würzmittel):	**Abendessen:** Proteine: Schnelle Kohlenhydrate: Sonstiges (langsame KH, Bonus-Kraftstoff, Würzmittel):

Freitag	Samstag
Frühstück: Proteine: Schnelle Kohlenhydrate: Sonstiges (langsame KH, Bonus-Kraftstoff, Würzmittel):	**Frühstück:** Proteine: Schnelle Kohlenhydrate: Sonstiges (langsame KH, Bonus-Kraftstoff, Würzmittel):
Snack: Proteine: Schnelle Kohlenhydrate: Sonstiges (falls nicht schon zum Frühstück gegessen):	**Snack:** Proteine: Schnelle Kohlenhydrate: Sonstiges (falls nicht schon zum Frühstück gegessen):
Mittagessen: Proteine: Schnelle Kohlenhydrate: Sonstiges (langsame KH, Bonus-Kraftstoff, Würzmittel):	**Mittagessen:** Proteine: Schnelle Kohlenhydrate: Sonstiges (langsame KH, Bonus-Kraftstoff, Würzmittel):
Snack: Proteine: Schnelle Kohlenhydrate: Sonstiges (Nüsse, Saaten oder Bonus-Kraftstoff):	**Snack:** Proteine: Schnelle Kohlenhydrate: Sonstiges (Nüsse, Saaten oder Bonus-Kraftstoff):
Abendessen: Proteine: Schnelle Kohlenhydrate: Sonstiges (Langsame KH, Bonus-Kraftstoff, Würzmittel):	**Abendessen:** Proteine: Schnelle Kohlenhydrate: Sonstiges (langsame KH, Bonus-Kraftstoff, Würzmittel):

Sonntag	Einkaufsliste für den 1er-Block
Frühstück: Proteine: Schnelle Kohlenhydrate: Sonstiges (langsame KH, Bonus-Kraftstoff, Würzmittel): **Snack:** Proteine: Schnelle Kohlenhydrate: Sonstiges (falls nicht schon zum Frühstück gegessen): **Mittagessen:** Proteine: Schnelle Kohlenhydrate: Sonstiges (langsame KH, Bonus-Kraftstoff, Würzmittel): **Snack:** Proteine: Schnelle Kohlenhydrate: Sonstiges (Nüsse, Saaten oder Bonus-Kraftstoff): **Abendessen:** Proteine: Schnelle Kohlenhydrate: Sonstiges (Langsame KH, Bonus-Kraftstoff, Würzmittel):	Obst und Gemüse Proteine Fleisch und Geflügel Fisch und Meeresfrüchte Eier und Fleischersatz Getreide, Zerealien und Brot Tiefkühlprodukte Konserven Öl und Essig Gewürze Würz- und Süßmittel Getränke Sonstiges

Quellennachweis

1. Teil: Was man für einen fitten, schlanken Körper wissen muss

2. Kapitel: Die anderen Kraftstoffe: Proteine und Fette

Bazzano, L. A. et al., 2014. Effects of low-carbohydrate and low-fat diets: a randomized trial. *Annals of Internal Medicine* 161:309–318.

Bendtsen, L. Q. et al., 2013. Effect of dairy proteins on appetite, energy expenditure, body weight und composition: a review of the evidence from controlled clinical trials. *Advances in Nutrition* 4:418–438.

Boschmann, M. et al., 2003. Water-induced thermogenesis. *Journal of Clinical Endocrinology and Metabolism* 88:6015–6019.

Halton, T. L. und F. B. Hu. 2004. The effects of high protein diets on thermogenesis, satiety and weight loss: A critical review. *Journal of the American College of Nutrition* 23:373–385.

Hämäläinen, E. K. et al., 1983. Decrease of serum total and free testosterone during a low-fat high-fibre diet. *Journal of Steroid Biochemistry* 18:369–370.

Johnstone, A. M. et al., 2012. Safety and efficacy of high-protein diets for weight loss. *Proceedings of the Nutrition Society* 71:339–349.

Judelson, D. A. et al., 2008. Effect of hydration state on resistance exercise-induced endocrine markers of anabolism, catabolism und metabolism. *Journal of Applied Physiology* 105:816–824.

Layman, D. K. und D. A. Walker. 2006. Potential importance of leucine in treatment of obesity and the metabolic syndrome. *Journal of Nutrition* 136:319S–323S.

Sawka, M. N. et al., 2007. Position stand on exercise and fuid replacement. *Medicine and Science in Sports and Exercise* 39:377–390.

Siri-Tarino, P. W. et al., 2010. Saturated fat, carbohydrate und cardiovascular disease. *American Journal of Clinical Nutrition* 91:502–509.

3. Kapitel: Kalorienzyklen

Davoodi, S. H. et al., 2014. Calorie shifting diet versus calorie restriction diet: a comparative clinical trial study. *International Journal of Preventive Medicine* 5:447–456.

Farshchi, H. R. et al., 2005. Beneficial metabolic effects of regular meal frequency on dietary thermogenesis, insulin sensitivity und fasting lipid profiles in healthy obese women. *American Journal of Clinical Nutrition* 81:16–24.

Jenkins, D. J. et al., 1989. Nibbling versus gorging: metabolic advantages of increased meal frequency. *New England Journal of Medicine* 321:929–934.

Kohlstadt, I., 2008. Optimizing metabolism: obesity-exacerbating conditions (report). *Townsend Report*, 1. Juni.

2. Teil: Echter Kraftstoff

4. Kapitel: Nahrungsmittel – die glorreichen Sieben

Golding, J. et al., 2013. Dietary predictors of maternal prenatal blood mercury levels in the ALSPAC birth cohort study. *Environmental Health Perspectives* 121:1214–1218.

McAfee, A. J. et al., 2011. Red meat from animals offered a grass diet increases plasma and platelet n-3 PUFA in healthy consumers. *British Journal of Nutrition* 105:80–89.

Morganstern, I. et al., 2011. Regulation of drug and palatable food overconsumption by similar peptide systems. *Current Drug Abuse Reviews* 4:163–173.

Ostman, E. M. et al., 2001. Inconsistency between glycemic and insulinemic responses to regular and fermented milk products. *American Journal of Clinical Nutrition* 74:96–100.

Roosevelt, M. 2006. The grass-fed revolution. Beef raised wholly on pasture, rather than grain-fed in feedlots, may be better for your health — and for the planet. *Time*, 12. Juni, 76–78.

Vander Wal, J. S. et al., 2005. Short-term effect of eggs on satiety in overweight and obese subjects. *Journal of the American College of Nutrition* 24:510–515.

6. Kapitel: Woche null – der Einstieg!

Bes Rastrollo, M. et al., 2008. Prospective study of dietary energy density and weight gain in women. *American Journal of Clinical Nutrition* 88:769–777.

Hollis, J. F. et al., 2008. Weight loss during the intensive intervention phase of the weight-loss maintenance trial. *American Journal of Preventive Medicine* 35:118–126.

Rolls, B. J. et al., 2004. Salad and satiety: energy density and portion size of a first-course salad affect energy intake at lunch. *Journal of the American Dietetic Association* 104:1570–1576.
Wolf, A. et al., 2008. A short history of beverages and how our body treats them. *Obesity Reviews* 9:151–164.

3. Teil: Startklar

10. Kapitel: Nahrungsergänzung im Kraftstoff-Plan

Abou-Samra, R. et al., 2011. Effect of different protein sources on satiation and short-term satiety when consumed as a starter. *Nutrition Journal* 10:139.
Baer, D. J. et al., 2011. Whey protein but not soy protein supplementation alters body weight and composition in free-living overweight and obese adults. *Journal of Nutrition* 141:1489–1494.
Fortmann, S. P. et al., 2013. Vitamin and mineral supplements in the primary prevention of cardiovascular disease and cancer: an updated systematic evidence review for the U.S. Preventive Services Task Force. *Annals of Internal Medicine* 159:824–834.

4.Teil: Das Kraftstoff-Workout

11. Kapitel: Schneller fit werden mit System

Schuenke, M. D. et al., 2002. Effect of an acute period of resistance exercise on excess post-exercise oxygen consumption: implications for body mass management. *European Journal of Applied Physiology* 86:411–417.

13. Kapitel: Der Kraftstoff-Plan im echten Leben

Klem, M. L. et al., 2000. Does weight loss maintenance become easier over time? *Obesity Research* 8:438–444.
McGuire, M. T. et al., 1999. Behavioral strategies of individuals who have maintained long-term weight losses. *Obesity Research* 7:334–341.
Wing, R. R. und J. O. Hill. 2001. Successful weight loss maintenance. *Annual Review of Nutrition* 21:323–341.
Wyatt, H. R. et al., 2002. Long-term weight loss and breakfast in subjects in the National Weight Control Registry *Obesity Research* 10:78–82.

Über die Autoren

Mark Lauren war fünfzehn Jahre lang Mitglied und Trainer US-amerikanischer Elitetruppen. Als Verfasser der auf der ganzen Welt beliebten Körpergewichtstrainings-Bibeln *Fit ohne Geräte* und *Fit ohne Geräte für Frauen* ist er ein gefragter Personal Trainer für Zivilisten beiderlei Geschlechts und jeden Fitnesslevels. Der Triathlet und ehemalige Champion im Thaiboxen lebt auf der thailändischen Insel Phuket.

www.MarkLauren.com

Maggie Greenwood-Robinson hat sich als Coautorin von Bestsellern der *New York Times* auf die Bereiche Gesundheit und Fitness spezialisiert. Sie lebt in Dallas.

Besuchen Sie uns auf Facebook unter
www.facebook.com/fitohnegeraetemarklauren

Fit ohne Geräte auf DVD

Mark Lauren

Fit ohne Geräte

Trainieren mit dem eigenen Körpergewicht - 9 neue hochintensive Workouts - 3 DVDs

3 DVDs
Preis: 24,99 €
ISBN 978-3-86883-342-3

Mark Lauren

Fit ohne Geräte für Fortgeschrittene

Elite Functional Excercise, 3 DVDs

3 DVDs
Preis: 24,99 €
ISBN 978-3-86883-407-9

Mark Lauren

Fit ohne Geräte – Das Mobility-Workout

2 DVDs
Preis: 19,99 €
ISBN 978-3-86883-643-1

riva